Herbert A. Zwergel
Religiöse Erziehung und Entwicklung der Persönlichkeit

Religionspädagogik – Theorie und Praxis 33
Herausgegeben von
Günter Stachel, Erich Feifel, Eugen Paul

Herbert A. Zwergel

Religiöse Erziehung und Entwicklung der Persönlichkeit

Psychologischer Leitfaden für Religionslehrer und Praktische Theologen

Benziger Verlag

Hergestellt im Graphischen Betrieb Benziger Einsiedeln
ISBN 3 545 26121 2

Inhalt

Vorbemerkung

Der Impuls, der von der pädagogischen Diskussion über Struktur und Legitimation von Lehrplanentscheidungen ausgegangen ist, wurde von der Religionspädagogik bereitwillig aufgegriffen und führte zu zahlreichen Zielformulierungen für den Religionsunterricht und zu einer umfangreichen «Modell»-Produktion. Die verschiedenen Zielformulierungen z. B. für einen therapeutischen, konfliktverarbeitenden oder identitätsbildenden Religionsunterricht konkurrieren dabei miteinander und sind zusammen mit der unübersichtlichen Menge der Modelle geeignet, den Religionslehrer eher zu verunsichern als in seinen pädagogischen und theologischen Entscheidungen zu unterstützen.
Die hier vorgelegte Untersuchung möchte einen Beitrag zur Überwindung dieser Unsicherheit leisten, indem sie von einer psychologischen Analyse des Phänomens Religiosität ausgeht, dann Grundfragen der Entwicklung einer religiösen Persönlichkeit thematisiert und daraus religionspädagogische Entscheidungshilfen entwickelt. Die Gültigkeit der psychologischen Aussagen, wie sie in dem größeren Teil der Arbeit vorgelegt werden, ist dabei keineswegs ausschließlich auf die engere Problematik des Religionsunterrichts beschränkt, selbst wenn die religionspädagogischen Überlegungen sich überwiegend auf den Religionsunterricht beziehen.

Einführung

Das Verhältnis von Religionspädagogik und Religionspsychologie

Religionspädagogische Bemühungen um Integration psychologisch-religionspsychologischer Erkenntnisse sind keineswegs neu. Hervorragendes Beispiel früherer Integrationsversuche ist die sogenannte «Münchner Methodenbewegung». Dort wurde bereits ein «Studium des Kindes und gründlichere Klarstellung der aus der Kindesseele sich ergebenden Bedürfnisse nach religiösem Wissens- und Bildungsstoff»[1] gefordert, um die Unfruchtbarkeit einer weitgehend aus theologischen Prinzipien abgeleiteten Methodik zu überwinden. Diese Hinwendung zu Pädagogik und Psychologie wurde vom Bemühen getragen, bei aller didaktischen Orientierung doch die theologische Eigenständigkeit der Katechetik zu wahren: «Die Hauptforderung gipfelt darin, daß die Katechetik mehr als bisher pädagogisch und didaktisch orientiert werde, auch mit der Profandidaktik Fühlung nehme, ohne selbst zur profanen Didaktik zu werden oder darin aufzugehen.»[2]

Ein Blick auf eine Bestimmung von Religionspsychologie als einer Wissenschaft jenes profanen Bereichs macht verständlich, warum die Katechetik die Differenz zu den «profanen» Wissenschaften aufrechterhalten mußte: «Religionspsychologisch nennen wir eine wissenschaftliche Untersuchung, die es mit der Religion als einem im Menschen sich abspielenden Phänomen zu tun hat. Die Religion ist also Objekt der Religionspsychologie nur insoweit, als sie Erlebnisse und Handlungen eines Individuums oder einer Gemeinschaft zu beeinflussen oder zu färben imstande ist.»[3] Wenn die Religionspsychologie als Erfahrungswissenschaft nicht nach der «göttlichen Wahrheit» (Stollberg) fragte, mußte sich die Katechetik in der Entfaltung gerade dieser ihrer Wahrheit von den sich selbst beschränkenden Wissenschaf-

1 H.W. Offele, Geschichte und Grundanliegen der sogenannten Münchener katechetischen Methode, München 1961, S. 38.

2 J. Göttler, Geleitwort zu J. Schieser, Didaktik und Stilistik des gesamten Religionsunterrichts in der Volksschule, 1911, 17. Auflage Köln 1933, zitiert nach E. Paul, in: Stachel/Esser, Was ist Religionspädagogik? Zürich/Köln 1971, S. 10.

3 W. Stählin, Zur Einführung, in: Archiv f. Religionspsychologie 1 (1914), S. 1.

ten absetzen. Dies schien insbesondere auch deshalb geboten, weil in den Ausprägungen der Psychologie als Assoziations- und Vermögenspsychologie kaum Raum zur Thematisierung von Persönlichkeit und verantworteter religiöser Entscheidung gegeben war.

Sowohl innerhalb der Religionspädagogik wie auch innerhalb der Psychologie hat sich im Verlauf der Jahre das Bild gewandelt, ohne daß damit die Vermittlungsproblematik generell aufgehoben wäre. So wird mit dem Stichwort von der «empirischen Wende in der Religionspädagogik»[4] angedeutet, daß der Dialog mit Erfahrungswissenschaften nicht nur im Vorfeld der Religionspädagogik stattfinden dürfe, sondern auch Konsequenzen für ihr Selbstverständnis haben müsse, insofern die theologisch gedeutete Situation an ihre konkreten geschichtlich-gesellschaftlichen Bedingungen und Möglichkeiten gebunden bleibt.

In der Tradition der «Würzburger Schule» hatte sich in der Religionspsychologie durch die Arbeiten von K. Girgensohn und W. Gruehn schon bald eine ich-bezogene Richtung herausgebildet, und auch andere namhafte Psychologen – in der Nachfolge von F. Krueger besonders Ph. Lersch und A. Wellek – begründeten eine Psychologie, die die isolierte Betrachtungsweise einzelner Vermögen aufgab und auch die Problematik der Selbstbeschränkung der Psychologie diskutierte.[5]

Heute wird von verschiedenen Richtungen der Psychologie die Forderung erhoben, die anthropologische Bedeutung psychologischer Erkenntnisse zu bestimmen,[6] d.h. die Frage zu diskutieren, ob eine bestimmte psychologische Aussage nur auf ein wissenschaftliches Artefakt oder auf den wirklichen, konkret existierenden Menschen bezogen ist. Daher versuchen so bedeutende Psychologen wie G.W. Allport und B.F. Skinner, wenn auch von grundverschiedenen Voraussetzungen aus, eine Gesamtinter-

[4] Vgl. K. Wegenast, Die empirische Wendung in der Religionspädagogik, in: Der evangelische Erzieher 20 (1968), S. 111–125.

[5] Vgl. K. Girgensohn, der seelische Aufbau des religiösen Erlebens, Leipzig 1921; dann vor allem W. Gruehn, Die Frömmigkeit der Gegenwart. Grundtatsachen der empirischen Psychologie, Konstanz ^{2}1960; Ph. Lersch, Seele und Welt. Zur Frage nach der Eigenart des Seelischen (Antrittsvorlesung a.d. Universität Leipzig am 10.7.1940) Leipzig 1941; A. Wellek, Der Rückfall in die Methodenkrise der Psychologie und ihre Überwindung, Göttingen ^{2}1970.

[6] Vgl. K. Holzkamp, Kritische Psychologie. Vorbereitende Arbeiten, Frankfurt/M. 1972, S. 35–74; H. Thomae, Konflikt, Entscheidung, Verantwortung. Ein Beitrag zur Psychologie der Entscheidung, Stuttgart/Berlin/Köln/Mainz 1974.

pretation des Menschen, innerhalb derer Fragen nach dem Sinn des Lebens, der Freiheit, Würde und Verantwortung des Menschen an zentraler Stelle stehen.[7] Insbesondere die sogenannte «humanistische Psychologie» in ihrer existentialistischen Ausrichtung[8] hat das Streben des Menschen nach Sinn und Verantwortung mit Nachdruck hervorgehoben.

Wenn sich auch solche wissenschaftlichen Bemühungen nicht immer in exakter empirischer Forschung seitens der Psychologie niederschlagen, da die damit verbundenen inhaltlichen Probleme zu komplex und «existentiell» sind, wendet sich die empirische Psychologie zunehmend solchen Problemen zu, deren anthropologische und gesellschaftliche Bedeutung sie erkannt hat. Psychologie wird damit vermehrt ein analytisches Instrument zur Deutung der menschlichen und insbesondere pädagogischen Situation. Hierin kommen letztlich die verschiedenen Richtungen von Psychologie und Tiefenpsychologie wieder zusammen: Verschiedenen Vorentscheidungen entsprungen, verschiedenen Standards von Wissenschaft verpflichtet, können sie doch alle zur Erhellung der menschlichen Existenz beitragen.

In dieser Situation muß sich die Religionspädagogik angesprochen fühlen, wenn auch sie zunehmend die anthropologischen Dimensionen von Entscheidung, Sinnfindung und Selbstbestimmung sieht und unter dem Terminus «Identitätsbildung» für die religionspädagogische Praxis fruchtbar zu machen sucht. Es ist zu vermuten, daß die oben angesprochene Vermittlungsproblematik nicht einfach durch die «empirische Wende», sondern auch durch die Besinnung auf die Selbstbestimmung des Menschen und seine Sinnfähigkeit gemindert wird. Denn Selbstbestimmung und Sinnfindung bedeuten sowohl Bezug zur Transzendenz als auch Realisierung des so gefundenen Selbstsinnes im Rahmen der konkreten menschlichen, geschichtlich-gesellschaftlich mitbestimmten Möglichkeiten. Zur Auslotung dieser Möglichkeiten bedarf es auch der wissenschaftlichen Interpretation des Men-

[7] Vgl. G.W. Allport, Gestalt und Wachstum in der Persönlichkeit. Übertr. u. hrsg. von H.v. Bracken, Meisenheim/Glan 1970, S. 549; ders.: Werden der Persönlichkeit. Mit einem Vorwort hrsg. von H.v. Bracken, (Kindler-TB) München 1974, S. 89f; B.F. Skinner, Jenseits von Freiheit und Würde, Hamburg 1973.

[8] Vgl. A.H. Maslow, Motivation and Personality, (Harper & Row) New York/Evanston/London ²1970; V.E. Frankl, Der unbewußte Gott. Psychotherapie und Religion, 3., erw. Auflage, München 1974; Ch. Bühler/M. Allen, Einführung in die humanistische Psychologie, Stuttgart 1974.

schen und der Zeichen, die er in seiner Welt zu setzen vermag.[9] Umgekehrt sprengt die Frage nach dem Menschen enggeführte wissenschaftliche Fragestellungen immer wieder und weist so auf einen umfassenderen Sinnzusammenhang.

In dem entwickelten Kontext ist das *Interesse* der vorliegenden Arbeit ein zugleich religionspädagogisches und religionspsychologisches: Religionspädagogisch wird nach den Möglichkeiten religiöser Erziehung insofern gefragt, als diese von religionspsychologischen Erkenntnissen gespeist werden muß; religionspsychologisch wird nach Konzepten gefragt, die hierbei hilfreich sind.

[9] Vgl. P. Ricœur, Die Interpretation. Ein Versuch über Freud, (suhrkamp tb wissenschaft 76) Frankfurt/M. 1974, S. 60; H. A. Zwergel, Religionspädagogik zwischen Erfahrungswissenschaften und Theologie – oder: Entwurf einer kritisch-anthropologischen Religionspädagogik, in: A. Stock (Hrsg.), Religionspädagogik als Wissenschaft, Zürich/Einsiedeln/Köln 1975, S. 64–72.

1. Religiosität – Versuch einer psychologischen Bestimmung

Je komplexer ein wissenschaftlich untersuchtes Phänomen ist, um so mehr Interpretationsmöglichkeiten treten auf. Das gilt in verstärktem Maße für die Bestimmung des Phänomens «Religion», handelt es sich dabei doch unter psychologischem Aspekt um einen Komplex sogenannter höherer psychischer Funktionen. Selbst nach der Differenzierung von Religionsphilosophie, Religionswissenschaft, Religionssoziologie usw. ist nicht zu erwarten, daß es eine einzige Religionspsychologie gibt. Vielmehr werden auch hier entsprechend den verschiedenen methodischen Ansätzen verschiedene Religionspsychologien zu finden sein. In einer Abgrenzung stimmen aber die verschiedenen Religionspsychologien überein: Es geht nicht um die objektive Wahrheit der Religion, sondern um deren «subjektiven» Aspekt: «Religionspsychologie heißt jener Zweig der Religionswissenschaft, welcher das religiöse Erleben, d. h. die Religiosität oder die Religion im subjektiven Sinn bzw. den Aktcharakter der Religion als Erfahrungstatsache erforscht.»[1] Diese Beschränkung auf die subjektive Problematik der Religion ist jedoch nicht gleichzusetzen mit einer Engführung, dergemäß alles Nichtempirische als erfahrungswidrig anzusehen wäre. Um einen dogmatischen Empirismus zu vermeiden, hat J. Kraft darauf hingewiesen, daß religiöses Leben sich gewiß nicht auf rein-intellektuelle Funktionen reduzieren läßt, sondern einem Zusammenwirken aller seelischen Grundanlagen des Menschen entspringt, daß aber immer eine religiöse Überzeugung vorausgesetzt ist, die, wie sie auch gestaltet sein mag, einen philosophischen Horizont hat.[2]
Um eine solche Engführung mancher auch religionspsychologischer Forschungen zu überwinden, hebt J. R. Royce die Bedeutung des «inneren Menschen» mit der «Fülle seiner subjektiven Erfahrungen» hervor. Um die «Tiefe» P. Tillichs nicht zu verlieren, müßten «Symbolismus und Intuition» in eine «allumfassende Phänomenologie» der Religion einbezogen werden.[3]

[1] W. Keilbach, Artikel «Religionspsychologie», in: Lexikon für Theologie und Kirche, ²1963, Bd. 8, Sp. 1103ff.
[2] J. Kraft, Religion. Erfahrung und Metaphysik, in: Ratio, 1956/57, S. 41.
[3] J. R. Royce, Toward unification in psychology. The first BANFF-conference of theoretical psychology, (Univ. of Toronto Press) Toronto 1970, S. 27–33.

Gerade unter pädagogischem Aspekt dürfte eine begriffliche Unterscheidung hilfreich sein, um diesen religionspsychologischen Schwerpunkt zu kennzeichnen, ohne ihn damit isolieren zu wollen: Der Terminus «Religion» soll außer zur Kennzeichnung des Gesamtphänomens auch für institutionelle, dogmatische, philosophische u. ä. Aspekte verwendet werden. Der Terminus «Religiosität» dagegen dient der Kennzeichnung der verschiedensten Aspekte der subjektiv-bezogenen Religion, ohne daß dabei die inhaltlichen Fragen ausgeklammert werden müßten; denn die persönliche Stellungnahme hängt auch vom «Gegenstand» unserer Beziehungen ab.

1.1 **Was ist Religiosität?** (Begriff)

Angesichts der Tatsache, daß J. H. Leuba[4] bereits 48 Definitionen der Religiosität gesammelt sowie selbst noch zwei weitere hinzugefügt hat und daß W. H. Clark[5] auf eine Umfrage unter 68 Spezialisten der Sozialwissenschaften hin so divergierende Antworten erhalten hat, daß eine Vereinheitlichung aussichtslos erscheint, empfiehlt es sich, statt einer weiteren neuen Definition verschiedene bereits erarbeitete Abgrenzungen vorzulegen.
W. Gruehn sieht in der «Frömmigkeit» das Hauptmerkmal der Religiosität und charakterisiert sie im Anschluß an K. Girgensohn (1921): Primär für die Religiosität, das «religiöse Erleben» ist nicht ein einzelnes seelisches Vermögen wie Fühlen, Wollen oder Denken. Entscheidend ist vielmehr die Beteiligung des Ichs, das sich im religiösen Erleben engstens mit dem Gegenstand des Erlebens verbindet. So sind im religiösen Erleben auch nicht Teile des Ich angesprochen, sondern das «Gesamt-Ich» als «das Zentrum der menschlichen Persönlichkeit» spielt die entscheidende Rolle.[6] Die synthetische Seite des religiösen Grunderlebnisses läßt sich dabei in dreifacher Hinsicht nachweisen: Es umspannt in funktioneller Beziehung das Gesamt-Ich und stellt ein Erlebniszentrum dar. Zugleich wird die Vielfalt der Einzelgedanken in einer intuitiven Zusammenschau als Einheit erfaßt. Daraus ergibt

4 J. H. Leuba, A psychological study of religion, (Macmillan) New York 1912.
5 Vgl. W. H. Clark, How do social scientists define religion? in: Journal of soc. Psychol. 47 (1958), S. 143–147.
6 Vgl. W. Gruehn, Die Frömmigkeit der Gegenwart, a. a. O. S. 35.

sich schließlich eine «Synthese höherer Ordnung», so daß nach einer langen Entwicklung das «in zahllose Erlebniskomplexe und Schichten zerrissene Einzel-Ich zu geschlossener Stellungnahme seines Gesamt-Ichs» befähigt wird.[7]
Ähnlich bestimmt G.W.Allport im Kontext seiner dynamischen Persönlichkeitspsychologie die Religiosität, indem er sie als «religious sentiment» – «religiöse Gesinnung» bezeichnet, auf Interessen, Erwartungen und ein System von Glaubenssätzen bezieht und damit den Zusammenhang auch zur Einstellungsforschung herstellt.[8] Für ihn ist die «reife religiöse Gesinnung» eine durch Erfahrung erworbene Bereitschaft, sich in einstellungsmäßigen und emotional positiv bewerteten Verhaltensweisen auf Objekte und Prinzipien, die für das Individuum von Bedeutung sind, zu beziehen, wobei gerade die Inhalte ausgewählt werden, die für die «Natur der Dinge» dauernde Bedeutung haben.[9] Dabei ist es die Funktion der religiösen Gesinnung, als umfassende Haltung «das Individuum sinnvoll in das Ganze des Seins einzufügen».[10] Dies impliziert gewisse Anforderungen an die Persönlichkeit, die unter dem Kriterium der *Reife* gefaßt sind: Überwindung der infantilen Fixierung an die unmittelbaren Bedürfnisse; Herausbildung vielfältiger Interessen; Fähigkeit, die eigene Situation zu objektivieren und sich reflex und einsichtig zu verhalten; Entwicklung einer «einenden Philosophie des Lebens», die als dominantes und integratives Modell nicht notwendig religiös sein muß.[11]
Trotz der etwas präziseren Sprache Allports stimmt dieser mit Girgensohn/Gruehn in einem wesentlichen Punkt überein: Alle meinen, wenn sie von Religiosität sprechen, eine reife, ausgeprägte Religiosität. Diese ist nach Allport kaum vor der Pubertät möglich.[12] Mit D.Elkind muß eine religionspädagogisch interessierte Religionspsychologie aber auch nach den Vorstufen dieser «personalen Religion» fragen.[13]

[7] Vgl. W.Gruehn, Religionspsychologie, a.a.O. S.43f, S.57f.
[8] Vgl. G.W.Allport, The individual and his religion. A psychological interpretation, (Macmillan) New York ⁶1954, S.54f.
[9] Vgl. ebd. S.56.
[10] G.W.Allport, Werden der Persönlichkeit, a.a.O. S.85.
[11] Vgl. G.W.Allport, The individual and his religion, a.a.O. S.53.
[12] Vgl. G.W.Allport, Werden der Persönlichkeit, a.a.O. S.85.
[13] Vgl. D.Elkind, The developmental psychology of religion, in: A.H.Kidd/J.L. Rivoire (ed.), Perceptual development in children, (Univ. of London Press) London 1966, S.193–225; siehe dazu unten S. 44f.; 87f.

A. Vergote betont ebenfalls die «komplexe, aus Glaubensvorstellungen, Praxis und bestimmten Gefühlen zusammengesetzte Wirklichkeit» der religiösen Intention.[14] Er versucht dabei, neben der inneren Dynamik der Persönlichkeit auch das Wechselverhältnis von gesellschaftlich-institutionellen Strukturen und menschlich-schöpferischen *Intentionen* zu begreifen. Er vermag so, die früheren vereinzelnden Interpretationen der «Vermögens-Psychologien» – bezogen auf isoliert betrachtete «Vermögen» des Denkens, Fühlens und Wollens – zu überwinden und auch rein soziologistische Auffassungen von Religiosität aufzulösen.[15]
Die bisher explizierte Sicht der Religiosität entspricht einer umfassenden ganzheitlich-persönlichkeitspsychologischen Betrachtung. Sie ist jedoch nicht die einzig mögliche. Es finden sich Betrachtungsweisen, die unter einem bestimmten Interesse nur einen Hauptaspekt der Religiosität herausarbeiten. So diskutiert etwa R. Oerter das religiöse Problem in seiner Entwicklungspsychologie (unter dem Abschnitt «Zur Entwicklung der religiösen Gesinnung») im Rahmen der Gesamtthematik «Die Entwicklung von Werthaltungen (attitudes)». Während bei Allport z. B. die Frage nach Funktion und Struktur der Religiosität vorherrscht, geht es Oerter primär um das Lern- und Entwicklungsproblem. Er spricht daher weniger die Persönlichkeitsthematik an als die beiden Quellen der «religiösen Haltung», nämlich: soziales Lernen und Reflexion über die eigene Existenz.[16]
Andere Psychologen betonen, daß Religiosität einem kognitiven Bedürfnis nach umfassendem Verständnis des Seins, einer Grundkraft als «Bemühung um Sinn» entspringt.[17] Dieses Motiv, das an die Gestaltpsychologie und ihre Tendenz zur «Geschlossenheit» erinnert, findet sich besonders bei V. E. Frankl, der die Suche des Menschen nach Sinn, nach dem «Warum» seiner Erfahrung als ein letztes – vielleicht das letzte – Motiv im Leben des Menschen betrachtet.[18]

[14] A. Vergote, Religionspsychologie, Olten/Freiburg 1970, S. 22.
[15] Vgl. ebd. S. 26f.
[16] Vgl. R. Oerter, Moderne Entwicklungspsychologie, Donauwörth [12]1973, S. 287.
[17] Vgl. C. F. Bartlett, Remembering, (Cambridge Univ. Press) Cambridge/Engl. 1932. R. Piddington, An introduction to social anthropology, (Oliver & Boyd) Edinburgh 1950.
[18] Vgl. V. E. Frankl, Der unbewußte Gott, a. a. O. S. 26ff.; auch G. W. Allport, Gestalt und Wachstum in der Persönlichkeit, a. a. O. S. 212.

Den bisher dargestellten positiven Einschätzungen der Religiosität und ihrer Funktion zur Daseinsbewältigung und Existenzdeutung stehen weniger umfassende Interpretationen entgegen, die insbesondere dann zu einer restriktiven Einschätzung kommen, wenn Religiosität lediglich im Bezug auf andere psychische Größen wie etwa Gesundheit, Konfliktfähigkeit usw. beurteilt wird. So sind religiöses Verhalten und religiöser Glaube nach der sogenannten Frustrationstheorie lediglich als Anpassung bzw. Antwort auf Frustrationen, Entsagungen zu verstehen. Im Gegensatz zu äußerer Frustration ist nach der Konflikt-Theorie der Konflikt zwischen dem Über-Ich und Trieben des Es die Hauptursache für die Entstehung der Religiosität: Durch Stärkung der Über-Ich-Position im religiösen Sinne (Überhöhung der Vater-Instanz in einem göttlichen Vater) wird der Konflikt (zunächst) gemindert und vorübergehend abgewehrt. Während diese beiden Theorien bei S. Freud[19] zu finden sind, entwickelt K. Horney den Gedanken in Richtung auf Ich-Stärkung weiter: Die Projektion des Über-Ichs auf eine göttliche Instanz zur Konfliktlösung dient der Sicherung des Ichs und der Stärkung des Selbst, das sich ohne diese Stärkung aufgeben müßte.[20] Religiosität wird somit neofreudianisch nicht in jedem Fall als neurotischer Rückschritt gewertet. Damit ist im Anschluß an Horney auch die weitere und bedeutendere Religionstheorie S. Freuds in Frage gestellt.
Wenn es mit Horney neben dem neurotisch-kranken Ich auch ein gesundes, sich selbst behauptendes Ich gibt, dann muß nicht jede Religiosität mit Freud als kollektive Zwangsneurose oder sogar als kollektiver Wahn bezeichnet werden,[21] dann kann vielmehr Religiosität als Ausdruck der Zielsetzungen des «autonomen Ich» interpretiert werden.[22]

[19] Vgl. hierzu die ausführliche Behandlung unten unter 4.3; dort auch die Quellenangaben.

[20] Vgl. K. Horney, Neue Wege in der Psychoanalyse, Kindler-TB München o.J., S.150ff.

[21] Vgl. S. Freud, Zwangshandlungen und Religionsübungen, in: Ges. Werke Bd. VII: Werke aus den Jahren 1906–1909, (Imago Pbl.) London 1955 (Nachdruck), S.139; ders.: Die Zukunft einer Illusion, in: Ges. Werke Bd. XIV: Werke aus den Jahren 1925–1931, S.354; ders.: Das Unbehagen in der Kultur, in: Ges. Werke Bd. XIV: Werke aus den Jahren 1925–1931, S.443f.

[22] Es wird uns weiter unten noch beschäftigen, inwieweit S. Freud im Zusammenhang der Analyse des Ödipuskomplexes und der Bedeutungsabgrenzung des Vaterbildes für die Religion durchaus richtige Aussagen getroffen hat. Hier interessiert die Reichweite der jeweiligen Interpretation, deren Orientierung an der Religiosität selbst oder an anderen psychischen Prozessen.

1.2 Funktion der Religiosität

Überblickt man die verschiedenen Bestimmungsversuche der Religiosität – die hier vorgelegten sind keineswegs erschöpfend –, muß man sich dem Urteil von M. Argyle anschließen: «Religion ist ein hochkomplexes Phänomen, für das keine einzelne Theorie adäquat sein kann. Es gibt sicherlich Aspekte der Religion ... die von keiner der diskutierten Theorien beachtet werden.»[23] Der Vergleich dieser Theorien ergibt allerdings, daß sie nicht auf gleicher Ebene stehen, sondern verschiedene psychische Bereiche umgreifen, die deutlich werden, wenn die *Funktion der Religion* nochmals hervorgehoben wird.

In der Frustrationstheorie, der frühen Konflikttheorie und der Interpretation der Religiosität als kollektiver Zwangsneurose bzw. Massenwahn ist die Funktion der Religiosität an bestimmte vorgängige psychische Prozesse gebunden. Sie hat einzig sekundäre «psychohygienische» oder auch «heilende» Funktion. Diese verliert die Religion dort, wo es gelingt, diese vorgängigen psychischen Prozesse der Frustration und des Konfliktes abzubauen. Diese Defunktionalisierung der Religion ist S. Freud zufolge prinzipiell möglich, und zwar durch die Abschaffung von unberechtigten Wünschen im Gegenüber von Ich und Realität, durch die Einsicht in die Unabdingbarkeit der sich in diesem Gegenüber ergebenden Konflikte und durch einen Primat der Vernunft.[24]

In der neofreudianischen Formulierung der Konflikttheorie zeigen sich bereits erste Unterschiede zu Freud, insofern durch die Einführung einer «konfliktfreien Ich-Sphäre»[25] die Absolutheit des Konfliktes durchbrochen ist. Zwar gehören auch nach H. Hartmann Konflikte zur menschlichen Existenz; diese Konflikte ausklammern zu wollen, wäre geradezu fatal. Da es sich aber beim Ich nicht nur um ein Ergebnis von Konfliktprozessen handelt, «dem Menschen vielmehr in der synthetischen Funktion sozusagen ein eigenes Gleichgewichtsorgan zur Verfügung steht», das insbesondere der «Vorwegnahme der Zukunft und der Orientierung der Handlung» dient, muß dieses Ich gegen die Konfliktbereiche gestärkt werden.[26] Religiosität kann hier einen

[23] M. Argyle, Religious behaviour, (Routledge & K. Paul) London 1958, S. 142.
[24] Vgl. S. Freud, Die Zukunft einer Illusion, a.a.O. S. 377.
[25] H. Hartmann, Ich-Psychologie und Anpassungsproblem, Stuttgart ^{2}1970, S. 14.
[26] Vgl. ebd. S. 16, 37, 40.

positiven Beitrag leisten, der nicht als Fixierung des Ich auf eine frühere Entwicklungsstufe (Freud), sondern als Förderung der Ich-Entwicklung interpretiert werden kann.
Bei V. E. Frankl, dem Begründer der «Dritten Wiener Richtung der Psychotherapie», der sogenannten «Logotherapie», wird der Zusammenhang des Triebgeschehens und der Ich-Entwicklung, wie er bei S. Freud und H. Hartmann noch gegeben ist, aufgelöst. Während Freud nach Frankl Menschsein vornehmlich als «Getriebensein» und damit «im Menschen letztlich die Automatie eines seelischen Apparates» gesehen habe, betont die frankelsche Existenzanalyse «die Autonomie der geistigen Existenz», ihr «Verantwortlichsein» und damit deren Unabhängigkeit vor der psychophysischen Faktizität. Religiosität bedeutet, dem Zielpunkt geistiger Verantwortlichkeit zu entsprechen, ist Realisierung des «Willens zum Sinn».[27]

Gegenüber den divergierenden tiefenpsychologischen Funktionsbestimmungen der Religiosität finden sich bei den anderen referierten Psychologen durchaus gemeinsame Akzentsetzungen: In der Tradition der deutschen Religionspsychologie dient Religiosität vor allem einer Integration des Gesamt-Ichs auf der höchstmöglichen psychischen Ebene. Das religiöse Erleben bedeutet somit nicht Rückschritt, sondern Synthese und Geschlossenheit des Selbst- und Weltbildes. Dieses Moment wird auch bei Allport besonders hervorgehoben, aber durch weitere Aspekte ergänzt: Die «reife religiöse Gesinnung» ist dynamisch, sie motiviert den Menschen zu konsistentem Verhalten, ermöglicht ihm als Person Integration und gibt ihm besonders in unbekannten Lebenssituationen eine grundlegende Orientierung.[28] Bei Allport finden sich somit die verschiedenen, bisher nur vereinzelt genannten Momente gemeinsam in einem persönlichkeitspsychologischen Konzept der Religiosität: Die verschiedenen psychischen Funktionen sind angesprochen; Interessen, Einstellungen und Verhaltensweisen sind einem allgemeinen Muster der Religiosität eingegliedert; mit dem Gedanken der Entwicklung können zugleich Vorformen, unreife Ausprägungen der Religiosität

[27] V. E. Frankl, Der unbewußte Gott, a.a.O. S. 12ff, 76. Frankl steht damit C. G. Jung recht nahe, der in der Religiosität den Weg zum umfassenden «Selbst» gesehen hat; vgl. dazu C. G. Jung, Zur Psychologie westlicher und östlicher Religion. Ges. Werke XI, Zürich/Stuttgart 1963.
[28] Vgl. G. W. Allport, The individual and his religion, a.a.O. S. 57, 72.

begriffen werden; es kommt darüber hinaus nicht nur ein im engeren Sinne kognitiver Aspekt in den Blick; vielmehr wird ein dynamisches Motivationsmoment der Religiosität sowie deren integrierende und orientierende Funktion hervorgehoben, ohne daß es zwischen diesen einzelnen Momenten zu Konflikten kommen müßte.
Blickt man auf die bisherige Erörterung der Begriffs- und Funktionsbestimmung der Religiosität zurück, läßt sich feststellen, daß die Interpretation Allports psychologisch am fruchtbarsten ist. Sie dürfte deshalb – in Verbindung mit weiteren psychologischen Erkenntnissen – am ehesten geeignet sein, in der religionspädagogischen Diskussion neue Möglichkeiten der Situationsinterpretation zu erschließen.

1.3 Die psychologische Bestimmung als religionspädagogisches Problem

Wie die in der Vorbemerkung genannten Zielbestimmungen und weitere problem- und situationsorientierten Religionsunterrichts zeigen, gibt es in der Religionspädagogik durchaus Tendenzen, die dem explizierten psychologischen Konzept Allports analog sind: Förderung situationsgerechten Handelns, Überwindung unmittelbarer Bedürfnisse, Ich-Stärkung, Fähigkeit zu selbstgesetzten und selbstverwirklichenden Zielen. Gegenwärtiger pädagogischer Theorie zufolge sollen diese allgemeinen Vorgaben in Curricula eingebracht werden, um ihre Realisierung durch Sequenzen von Lernzielen und Qualifikationen zu sichern. Die Herausbildung von Qualifikationen ist dabei psychologisch mit der von Einstellungen oder Haltungen zu identifizieren.[29] Eine identitätsfördernde Religionspädagogik sieht sich somit der Spannung gegenüber, die sich aus dem o.g. Verwobensein von aufbauenden Einstellungen und integrierender Persönlichkeitsentwicklung ergibt. Zu der Forderung nach genauerer Explikation eines identitätsfördernden Programms kommt somit die Aufgabe, die persönlichkeits-orientierten Ziele ohne Verlust des Persönlich-

[29] Vgl. R. Oerter, Moderne Entwicklungspsychologie, a.a.O. S.227: «Für die Pädagogik sind Haltungen oder Gesinnungen fundamentale Begriffe, ohne die man bei der Formulierung von Erziehungszielen und bei der Beschreibung von Erziehungsvorgängen kaum auskommt.»

keitsmoments in einstellungs-orientierte Curricula zu transformieren.
Die Aussichten auf Realisierung eines solchen Curriculums sind in der gegenwärtigen Situation wenig ermutigend. Das von Allport gezeichnete Bild der reifen Religiosität zu erreichen, wird durch die immer häufiger auftretenden Fehlformen oder «Ausfälle» religiöser Erziehung im primären Bereich Familie erschwert. Da auch, wie R. Oerter zeigen konnte,[30] der Religionsunterricht der Schule bei vielen Jugendlichen eher ein Desinteresse denn eine persönliche religiöse Stellungnahme fördert, wird das Problem, diesem Zustand abzuhelfen, drängend; denn zu resignieren scheidet als Möglichkeit aus, wenn man die Bedeutung der Religiosität für das Selbst-werden erkannt hat.
Um die Möglichkeiten religiöser Erziehung aufzuzeigen, gilt es daher, die verschiedenen entwicklungspsychologischen Erkenntnisse von Einstellungen und Persönlichkeit – allgemein und religiös bezogen – erneut zu diskutieren und auf ihre pädagogischen Implikationen hin zu befragen. Daß dabei die persönlichkeitspsychologisch interpretierte Religiosität zur Zielvorstellung wird, kann religionspädagogisch verantwortet werden – insbesondere deshalb, weil im Bezug von Persönlichkeit und Religiosität sowohl die menschlichen Möglichkeiten wie der verantwortete und bejahende Bezug auf die Transzendenz, auf Gott, thematisiert werden kann.
Bei der Sicherung des Weges zu diesem Ziel und der pädagogischen Realisierung desselben ist angesichts der Komplexität der Religiosität von vornherein zu erwarten, daß es kein griffiges Rezept gibt, daß vielmehr den verschiedenen Lebenssituationen verschiedene Gestaltungsmöglichkeiten offenstehen werden.
Aus dem bisher Gesagten folgt auch, daß die Religionspädagogik die sogenannten restriktiven Interpretationen der Religiosität durch S. Freud ernst nehmen muß, daß sie sich somit vor eine zweifache Aufgabe gestellt sieht: Förderung verantworteter Religiosität und Abbau fixierender oder regredierender religiöser Verhaltensweisen im Sinne des Ziels des Religionsunterrichts: «Durch Nötigung wird die freie Entscheidung zur ‹Nachfolge›, die eine Entscheidung aus Liebe sein soll, verhindert. Weil Evangelium Befreiung bedeutet, darf trotz des dringenden Ernstes der Bot-

30 R. Oerter, Die Entwicklung von Werthaltungen während der Reifezeit, (Beihefte d. Zeitschr. «Schule und Psychologie» 2) München/Basel 1966.

schaft die unterrichtliche Vermittlung nichts von Manipulation an sich haben. Zwar geht der Weg des Menschen zur Selbstbestimmung immer über die Fremdbestimmung; Erziehung geschieht durch ‹Vorgabe›. Gerade deshalb aber muß der Erzieher wissen, daß er niemanden in Dingen des Glaubens zwingen darf. Er muß im Gegenteil mit Entschiedenheit den Menschen auf seine freie Entscheidung hin ansprechen.»[31] Diese Spannung zwischen «Manipulation» und «Vorgabe», zwischen «Erziehung» und «Selbstbestimmung» im Sinne einer konstruktiven Lösung auszutragen, sollte Aufgabe des vorgelegten Dialogs von Religionspädagogik und Psychologie/Religionspsychologie sein.

[31] Synode 1975, Heft 1, S. 96: Beschluß: Religionsunterricht.

2. Religiosität als Entwicklungsgeschehen

Die Erkenntnis, daß der Mensch nicht mit einem kompletten Satz fertiger Verhaltensweisen in die Welt eintritt, mahnt uns, neben der Begriffs- und Funktionsbestimmung der Religiosität auch der Frage nach der Entwicklung der Religiosität, näherhin der nach den bestimmenden Faktoren dieser Entwicklung nachzugehen. Für die Beantwortung dieser Frage scheint es hilfreich zu sein, kurz das psychologische Verständnis von Entwicklung zu skizzieren.

Entwicklung wurde bis vor nicht allzu langer Zeit vorwiegend als ein Reifungsgeschehen betrachtet, das nach einem in der Genstruktur festgelegten Programm abläuft. Der Einfluß der Umwelt wurde zwar gesehen, aber für nicht so bedeutsam gehalten; ihm kam nur auslösende Funktion zu. Wo die Umstände nicht außergewöhnlich ungünstig waren, mußte das anlagemäßig Vorgegebene zwangsläufig und jeweils zur Zeit der Reife in Erscheinung treten.

Dieses Verständnis von Entwicklung wurde modifiziert, als man im Zusammenhang der Theorien des Lernens erkannte, daß es nur wenige Verhaltensänderungen gibt, die allein durch Reifungsprozesse bedingt sind. Die Entwicklung von Verhaltens- und Persönlichkeitsmerkmalen ist vielmehr auf ein enges Zusammenwirken von Reifungs- und Lernprozessen zurückzuführen; manche Veränderungen können sogar auf den bloßen Einfluß von Lernprozessen zurückgeführt werden. Wo anlagebedingte Vorgaben anerkannt werden müssen, realisieren sich diese nur in der Auseinandersetzung mit Herausforderungen der Umwelt, also durch Lernen. Diese Herausforderungen werden unter dem Begriff «soziokulturelle Faktoren» zusammengefaßt.

Dieses neuere Verständnis des Entwicklungsprozesses und seiner Determinanten stellt nicht nur eine Korrektur einer anlage- und phasenorientierten Entwicklungspsychologie dar. Es korrigiert in gleicher Weise zu eng gefaßte Entwicklungstheorien, die alle Veränderungen in der Entwicklung auf die Umwelt zurückführen. So sucht z. B. der orthodoxe Behaviorismus alles durch Reiz-Reaktionslernen zu erklären. Gerade die Auseinandersetzungen mit dem behavioristischen Entwicklungskonzept führte zur Beachtung einer weiteren und schließlich entscheidenden Gruppe von Entwicklungsfaktoren. L. Schenk-Danzinger nennt sie die «innerseelischen dynamischen Faktoren» und rechnet dazu neben unbewußten dynamischen Prozessen insbesondere die «bewußte Selbststeuerung (Arbeitshaltung, Motivationen, Lebensziele, Lebenspläne, Selbsterziehung, Streben nach Selbstverwirklichung)».[1] Damit wird dem Ich oder Selbst eine formende Funktion in der Entwicklung zugeschrieben.

Es ist nicht nur von historischem Interesse festzustellen, daß auch in der Religionspsychologie die verschiedenen Konzepte von Entwicklung anzutreffen sind. Die Fülle von Beobachtungen und Interpretationen sowie daraus abgeleitete pädagogische Folgerungen fordern dazu auf, in diesem Geflecht das Bleibende an Erkenntnis zu orten.

2.1 Religiosität – ein endogen bestimmter Prozeß? Die Theorie von der religiösen Anlage

Aus den Darstellungen der religiösen Problematik des Jugendlichen in der älteren deutschen Jugendpsychologie ergibt sich ein Bild der religiösen Entwicklung mit zwei charakteristischen Zügen: Religiosität entspringt beim Kleinkind instinkthaften Wurzeln und ist in ihrer reifen Ausprägung durch die religiöse Anlage bedingt; die religiöse Entwicklung erfolgt wie die allgemeine Entwicklung in Phasen, der kindlich naiven und unkritischen Religiosität folgt eine Periode des Zweifelns und der Kritik, um wieder von einer Phase der Beruhigung abgelöst zu werden, in der der Adoleszent seine endgültige Stellungnahme zur Religion findet.[2]

G. Bohne bezeichnet die religiöse Anlage als Wurzel der subjektiven Religion und interpretiert sie als «Bedürfnis nach Befriedigung der tiefsten Lebenssehnsucht».[3] Entsprechend einer Auffassung von Entwicklung, welche die Verhaltensausprägung und -änderung durch das Reifen einer Anlage erklärt, führt diese reli-

[1] L. Schenk-Danzinger, Entwicklungspsychologie, Wien [6]1972, S. 17, 25f.

[2] Vgl. Ch. Bühler, Das Seelenleben des Jugendlichen (1921) [6]1967, hier als Fischer-TB, Frankfurt/M. 1975, S. 216ff.

[3] G. Bohne, Die religiöse Entwicklung der Jugend in der Reifezeit. Auf Grund autobiographischer Zeugnisse, Leipzig 1922, S. 3.

giöse Anlage zu einer spontanen, d. h. nicht von äußeren Faktoren abhängigen Vertiefung der Religiosität in der Pubertät: F. Frisch und H. Hetzer betonen, wie unwesentlich die Umweltfaktoren für das religiöse Leben im Vergleich mit den Faktoren sind, die im Jugendlichen selbst wurzeln. «Der Jugendliche wird ohne jeden äußeren Einfluß religiös. In einer bestimmten Periode wird es ihm zum Bedürfnis, letzte Zusammenhänge in Welt und Leben zu erfassen und den letzten Helfer in der Not persönlich anzurufen und zu finden. Welche religiösen Inhalte er sich aneignet, nicht die Tatsache, daß er sie sucht, beruht auf Einfluß des Milieus, in dem er lebt.»[4] Daher hat auch das pädagogische Bemühen nur sekundäre Bedeutung.

Konfrontiert man die These von einer allgemein verbreiteten religiösen Anlage mit jüngeren Beobachtungen der religiösen Verhaltensweisen von Jugendlichen, die deren zunehmendes Desinteresse an der religiösen Problematik feststellen, dann muß nach den Grundlagen und der Allgemeingültigkeit der Aussagen über eine religiöse Anlage gefragt werden. Grundlage der Aussagen über die religiöse Entwicklung des Kindes und Jugendlichen waren Analysen von persönlichen Dokumenten (Tagebücher, Erlebnisschilderungen, Autobiographien). Diese Aufzeichnungen zeigten in fast allen Fällen den pubertierenden und heranwachsenden Jugendlichen in einer vertieften religiösen Auseinandersetzung. Diese allgemeine Verbreitung der Religiosität in Verbindung mit einer spontanen Vertiefung in einem bestimmten Entwicklungsabschnitt, nämlich der Pubertät, galt es zu erklären. Es konnte dies, da man über grundlegende Erkenntnisse der Lerntheorie noch nicht verfügte, also auch der Faktor Umwelt (soziokulturelle Prägung) theoretisch nicht befriedigend erklärt werden konnte, nur geschehen mit dem Theorem von der religiösen Anlage, die heranreift und zu einer bestimmten Zeit zur Ausprägung des religiösen Verhaltens führt. Diese Theorie galt es erst zu überprüfen, als die Bedingungen der Umwelt für die religiöse Entfaltung ungünstig wurden und man erkannte, daß die bisher der religiösen Anlage zugeschriebenen Wirkungen zu einem beachtlichen Teil auf die einheitlich prägende Kraft der Umwelt zurückzuführen sind. Wo dieser einheitliche Rahmen nicht mehr

[4] F. Frisch/H. Hetzer, Die religiöse Entwicklung der Jugendlichen (Auf Grund von Tagebüchern), in: Archiv f. d. ges. Psychol. 52 (1928), S. 442.

gegeben ist, kann auch von einer übereinstimmenden Entfaltung der Religiosität nicht mehr die Rede sein.
Ein weiteres Problem ergibt sich, wenn man die genetischen Grundlagen dessen, was religiöse Anlage sein soll, näher zu bestimmen sucht. Anlagen sind keine ausgeprägten Merkmale, sondern Dispositionen dazu. Sie haben demzufolge eine relativ große Manifestationsbreite. Auch sind insbesondere die psychischen Funktionen etwa des Denkens, Fühlens und Wollens einer anlagebedingten Reifung unterworfen. Ein so komplexes und variationsreiches Phänomen, wie es die Religiosität darstellt, an dem zugleich mehrere psychische Funktionen beteiligt sind, kann jedoch nicht auf eine einzelne, zudem noch konkretisierbare Anlage zurückgeführt werden. Die Rede von der religiösen Anlage hat somit keinen primär psychologischen Erklärungswert. Sie ist eher Ausdruck einer anthropologisch interessierten Grundeinstellung, derzufolge eine religiöse Grundbefindlichkeit des Menschen festzustellen wäre. – Daß diese Vorentscheidung den referierten Autoren nicht unmittelbar gegenwärtig ist, hängt zum einen an der psychologischen Theoriebildung, zum anderen aber auch an der noch relativ ungebrochenen Nähe von Psychologie und philosophischer Anthropologie. Dafür mag das etwa gleichzeitige Erscheinen von Ch. Bühlers «Das Seelenleben des Jugendlichen» (empirische Grundlegung) und E. Sprangers «Die Psychologie des Jugendalters» (systematisch-typologische Betrachtung der Wertrichtungen auf dem Hintergrund der «Lebensformen») Ausdruck sein.[5]
Ein Motiv der Theorie von der religiösen Anlage und der damit verknüpften Interpretation von Entwicklung als eines Phasengeschehens bleibt aber auch heute noch von Interesse. Religiosität wird aus den nachvollziehenden Formen erst dann zur persönlichen Problematik, wenn der Jugendliche heranwächst und zu einem reifen Gebrauch seines Fühlens, Denkens und Wollens im Zusammenhang seiner Persönlichkeitsentwicklung fähig wird. Hier ist zweifellos auf ein Reifungsphänomen aufmerksam gemacht, das allgemeingültig sein dürfte: Die Erkenntnis von Frisch/Hetzer, daß ein kognitives Bedürfnis, letzte Zusammenhänge in Welt und Leben zu erfassen, verstärkt in der Pubertät auftritt, behält somit bei aller Kritik der übrigen Aussagen ihre Gültigkeit.

[5] Zu Ch. Bühler vgl. Anm. 2; E. Spranger, Die Psychologie des Jugendalters, Leipzig 1924; ders.: Lebensformen, Halle 1914.

2.2 Religiosität im Bedingungsgeflecht von Reifung, soziokulturellen Einflüssen und Selbstbestimmung

2.2.1 Reifung, Lernen und Strukturbildung

Den allgemein-psychologischen Erkenntnissen entsprechend wird die Vorstellung von einer religiösen Anlage und einer spontanen Entwicklung der Religion im Verlaufe der psychologischen Forschung und theoretischen Diskussion zunehmend modifiziert und in Richtung auf eine Lerntheorie verschoben. Während die im religiösen Erlebnis (etwa nach Girgensohn) beteiligten psychischen Funktionen heranreifen müssen, unterliegt ihre konkrete inhaltliche Ausformung und religiöse Prägung einem Modifikationsprozeß, der mit Lernen (als der Gesamtheit der Erfahrungsbildungen mit verändernden Wirkungen auf das Verhalten) gekennzeichnet wird. So unterliegt etwa die Entwicklung des Denkens bestimmten Reifungsprozessen, die der einzelne Mensch durchmachen muß, will er zum vollen Gebrauch des Denkens kommen. Entwicklungsgeschwindigkeit und inhaltliche Prägung dieser Funktion hängen aber mit soziokulturellen Herausforderungen, also mit Lernen zusammen. Ohne solche Herausforderungen muß jede Anlage verkümmern. M. Langeveld formuliert diese Erkenntnis für die Entwicklung des religiösen Gefühls: «Die Gefühle enthalten aus sich keine religiöse Intentionalität. Entweder muß der Erzieher sie dem Kind anbieten ... oder das Kind muß sie selbst entdecken, d. h. als neue Sinngebung einer an sich schon sinnvollen Situation hinzufügen.»[6]
Weil auch die Religionspsychologie diesen Zusammenhang von Reifung und Lernen erkannt hat, spricht sie bei der Interpretation der religiösen Entwicklung nicht mehr von einer religiösen Anlage im psychologisch strengen Sinne.[7] Neben der Reifung der die Religiosität mittragenden psychischen Funktionen erfolgt die Gestaltung der Religiosität, die Übernahme religiöser Verhaltensweisen, das Vertrautwerden mit religiösen Inhalten, das Erschließen der religiösen Symbolwelt und Gefühlssphäre sowie der Impuls zu Selbstbesinnung und Entscheidung aus den Lernerfahrungen mit der Mit- und Umwelt. Wo die Herausforderungen in den relevanten Sozialisationsbereichen Familie, Altersgruppe und

[6] M. Langeveld, Das Kind und der Glaube. Einige Vorfragen zu einer Religions-Pädagogik, Braunschweig ²1964, S. 82.
[7] Vgl. W. Pöll, Das religiöse Erlebnis und seine Strukturen, München 1974, S. 229ff.

Schule fehlen, beziehungsweise sich in den verschiedenen gesellschaftlichen Bereichen widersprechen, kann sich keine einheitliche Haltung entwickeln. Die Störungen im religiösen Selbstverständnis der Mit- und Umwelt wiederholen sich dann in der Religiosität des Heranwachsenden.
Kommt man nochmals auf die Beobachtungen des religiösen Verhaltens von Jugendlichen bei Frisch/Hetzer und Oerter zurück, so ergibt der Vergleich jetzt, daß dort eine religiös ungebrochene Umwelt die religiöse Entfaltung des Jugendlichen ermöglichte, während hier die Unsicherheit und auch die negativen Einstellungen der Umwelt hinsichtlich der Religion zu einer Schwächung der religiösen Entwicklung und zu religiösem Desinteresse führen. Wo der heranwachsende Mensch mit religiösem Verhalten konfrontiert wird, kommt es aber auch heute noch bei Beachtung der – noch zu zeigenden – Möglichkeiten zu einer religiösen Prägung.
Daß diese Möglichkeiten nicht in allen Abschnitten der Entwicklung gleich sind, ist Ausdruck der psychischen *Strukturbildung,* ein eng mit Reifung und Lernen verknüpftes Phänomen. Entwicklung ist nicht nur ein Reifungsprozeß, in dem Funktionen zu vollem Gebrauch kommen, auch nicht nur ein Lernprozeß, in dem lediglich Lernerfahrungen angehäuft werden. Der Mensch verfügt vielmehr über die Fähigkeit, Funktionen und Lernerfahrungen aufeinander zu beziehen und sie im Prozeß der Differenzierung und Integration gemäß den eigenen Bedürfnissen und Entscheidungen zu gestalten. Damit ergibt sich die Möglichkeit, Entwicklung zunehmend zu ordnen und aktiv zu gestalten, kognitive Orientierungen, Motive und emotionale Wertungen zu entwikkeln und aufeinander zu beziehen. Ausdruck einer solchen umfassenden Strukturbildung ist die Persönlichkeit. Gerade im Zusammenhang dieser Strukturbildung ergibt sich die religionspädagogisch bedeutsame Erkenntnis, daß die in einer frühen Entwicklungsphase schwerwiegenden Ausfälle von Lernerfahrungen im Verlaufe zunehmender Strukturierung durch aktive Gestaltung zum Teil wieder aufgearbeitet werden können – ein Problem, das unter dem Stichwort «Lernen und Selbstbestimmung» nochmals aufgegriffen wird.
Die Einsicht in den Zusammenhang von Reifung, Lernen und Strukturbildung ist für die Religionspädagogik gleichbedeutend mit der psychologischen Sicherung ihres Aufgabenbereichs;

denn wo, wie bei Frisch/Hetzer, Erziehung nur eine unbedeutende Rolle spielt, muß das pädagogische Bemühen sekundär bleiben. Wo aber der Mensch in seiner religiösen Entwicklung durch Lernen geprägt wird, kann eine solche Aufgabe wahrgenommen werden. Die Einsicht in den Prozeß der Strukturbildung warnt dabei zugleich vor der Annahme, mit frühem Lernen sei alles getan. Vielmehr müssen auch die frühen Lernerfahrungen in neue Strukturen integriert werden. Darin liegt zugleich die religionspädagogische Chance, in den nachfolgenden Entwicklungsschritten frühere Fehlentwicklungen zu korrigieren.

2.2.2 Lernen und Selbstbestimmung

Schließt man sich der Interpretation von Allport an, Religiosität bedeute den Sinnbezug des Individuums auf das Ganze des Seins, und begreift diesen Sinnbezug zugleich als Aktivität der Persönlichkeit, nicht aber als einen mehr oder minder mechanisch oder zufällig entstandenen Persönlichkeitszug, so kann diese Aktivität weder allein durch ein genetisches Programm gesteuert noch allein durch eine Anhäufung von Lernerfahrungen hervorgerufen sein. Das Ergreifen der Sinndimension als der Interpretation der Ich-Welt-Beziehungen muß vielmehr von einem für den Menschen kennzeichnenden Prozeß her interpretiert werden: der *intentionalen* (bewußten, willkürlichen, zielbezogenen) Bemühung des Individuums um Selbst- und Weltgestaltung. Dieser Prozeß der aktiven Gestaltung, auch «Personalisation» genannt, dient insbesondere der Selbstformung und -steuerung, erweist sich als sinngebende, koordinierende und gestaltende Rückwirkung des Individuums auf die ihrerseits prägenden Kräfte der Gesellschaft und Kultur und löst somit das Individuum aus der generellen Abhängigkeit von erlernten fremdorientierten Verhaltensweisen heraus.[8] Diese intentionale Verhaltensänderung, neben Reifung und Lernen der dritte und für den Menschen entscheidende Modifikationsprozeß von Verhalten, ist daher gleichzusetzen mit der persönlichen Akzentuierung, Neugruppierung und Weiterbildung bisheriger Erfahrung. Die Tendenz, formend und verändernd in das Erfahrungsmaterial einzugreifen, setzt die Herausbildung von Persönlichkeitsstrukturen voraus; sie tritt verstärkt erstmals in der Pubertät auf und findet ihren Ausdruck in

[8] Vgl. E. Hoehn, Entwicklung als aktive Gestaltung, in: Thomae, H. (Hrsg.), Handbuch der Psychologie Bd. 3: Entwicklungspsychologie, Göttingen 1959.

dem, was Erikson «normative Krise» nennt: Ergreifen neuer Möglichkeiten des Selbstseins.[9]

Das Verhältnis von Reifungs-, Lern- und Gestaltungsprozessen ist also derart bestimmt, daß grundsätzlich mehrere Bedingungsfaktoren am Entwicklungsgeschehen beteiligt sind, die Reifungsprozesse aber zunehmend durch Lern- und Gestaltungsprozesse («im Sinne der aktiven Herbeiführung von Veränderungen oder Veränderungsreihen vermittels Selbst- und Weltgestaltung»[10]) ergänzt und ersetzt werden.

Für die religiöse Entwicklung ist die intentionale Verhaltensänderung von fundamentaler Bedeutung, insofern durch sie erlernte und angepaßte religiöse Verhaltensweisen in eigene religiöse Entscheidung und Sinngebung umgeformt werden können. Ohne intentionales Verhalten bleibt die Person als entscheidende und auch Zukunft vorwegnehmende nicht in ihrem Kern, sondern nur peripher betroffen. Wo diese Transformation aber gelingt, können selbst frühere, nicht-personale Motive religiösen Verhaltens in die reife persönliche Religiosität integriert werden.

Es genügt daher nicht, sich bei der Interpretation und Funktionsbestimmung der Religiosität auf Momente der Reifung und des Lernens allein bzw. nur auf Vorformen der reifen Religiosität zu beziehen, wie dies etwa in der Frustrations- oder frühen Konflikttheorie der Fall ist. Solche Interpretationen vernachlässigen nämlich diesen Umformungsprozeß – dieses Orientieren eines erlernten Motivs an einem neuen Zusammenhang – ähnlich dem, daß ein Kind sich allmählich aus der Abhängigkeit von seinen Eltern herauslöst und selbständig wird.

Das Gemeinte läßt sich an einigen Beispielen verdeutlichen: Das Gebet, vom Kind zunächst aus Gewohnheit gesprochen, kann für den Erwachsenen zum Ausdruck einer freien Gottbeziehung werden. Der Jugendliche, der zunächst aus Gewohnheit oder Angst vor den Eltern am Religionsunterricht teilnimmt, kann die Bedeutung der religiösen Dimension für seine Lebensgestaltung erkennen und sein Verhalten aktiv daran orientieren. Das Festhalten an der Religion in Konfliktsituationen und Katastrophen wie Krieg, Tod oder Entbehrung mag durchaus die Funktion

[9] Vgl. E. H. Erikson, Identität und Lebenszyklus (1959), (suhrkamp taschenbuch wissenschaft 16), Frankfurt/M. 1973, S. 144f.

[10] G. Dietrich/H. Walter, Grundbegriffe der psychologischen Fachsprache (Zweisprachig), München 1970, S. 82 Stichwort: Entwicklungspsychologie.

haben, diese Schwierigkeiten besser ertragen zu können. Dennoch ist nicht ausgeschlossen, daß der Mensch durch solche Erfahrungen hindurch sein Leben neu interpretiert und seine Religiosität Ausdruck dieser neuen Sinngebung ist.
Die auch intentional-zielbestimmte Formung des Verhaltens eröffnet die Möglichkeit religionspädagogischen Bemühens als Hilfe zur Selbstbestimmung. Die «äußeren» pädagogischen Bemühungen sind nicht wie bei Frisch/Hetzer gegenüber den Reifungsprozessen zur relativen Bedeutungslosigkeit verurteilt. Vielmehr werden durch die Lernerfahrungen die verschiedenen psychischen Fähigkeiten aktiviert, aufeinander bezogen und organisiert, woraus wiederum eine stetige Entfaltung von Individuum-Weltbeziehungen als Grundlage der Persönlichkeitsentwicklung erwachsen kann. Deshalb darf festgehalten werden: Ohne Reifung keine angemessene Verwertung der Erfahrungen, des Gelernten; ohne erste orientierende Erfahrungen keine intentionale Selbstgestaltung; aber ohne eigene Sinngebung für diese Erfahrungen auch keine Selbstbestimmung, sondern nur angepaßtes Verhalten. Die pädagogische Konsequenz: den einzelnen Stationen dieses Prozesses entsprechende Impulse geben und sich nicht auf einen isolierten Aspekt beziehen. Im Sinne der Kontinuität gerade einer religiösen Entwicklung müssen die Besonderheiten des jeweiligen Gestaltungsprozesses pädagogisch fruchtbar gemacht werden. Die konkreten Möglichkeiten können allerdings erst im Zusammenhang der Persönlichkeitsentwicklung aufgewiesen werden (vgl. unten S. 72f.).

2.3 Ausblick: Motivationen der Religiosität

Wenn gesagt wurde, Religiosität stehe in unmittelbarem Zusammenhang mit intentionaler Verhaltensänderung, muß nach den Beweggründen solchen Verhaltens gefragt werden, näherhin nach dessen Motiven, nach den zugrundeliegenden Motivationsprozessen.
Mit dem Begriff der Motivation werden alle seelischen Vorgänge und Zustände umfaßt, die als «Beweggründe» das Verhalten von Individuen in Gang setzen, in Gang halten und auf Ziele ausrichten. Dazu gehört die Gesamtheit der bewußten und unbewußten,

angeborenen und erlernten Bedürfnisse, Antriebe, Strebungen, Stimmungen, Affekte und Gefühle.[11]

Ohne diese umfassende Definition im einzelnen durchleuchten zu wollen – eine implizite Klärung der einzelnen Momente wird sich im weiteren Verlauf der Überlegungen ergeben –, läßt sich doch festhalten, daß alle genannten Veränderungsformen der Reifung, des Lernens und der Intention motiviert sind. Nachdem wir aber bereits auf die unterschiedliche Bedeutung dieser Prozesse der Verhaltensänderung hingewiesen haben, ist die Frage zu stellen, ob sie alle die gleiche Motivationsstruktur besitzen. Auch hier sind einige grundlegende theoretische Erörterungen unumgänglich.

Motivation ist Inbegriff der Kräfte, die zielgerichtetes Verhalten auslösen, lenken und unterhalten. Sie ist aber auch richtungsbestimmend, wobei die motivationale Gerichtetheit aus der Gegenwart in die Zukunft verläuft und einer inneren Vorwegnahme der Zukunft gleichkommt. Mit dem Motivationsbegriff erfassen wir somit das dynamische Moment menschlichen Verhaltens. Diese Dynamik ist nicht blind, sondern zielgerichtet, ist mehr oder minder umfassend zielorientiert.[12]

Die nähere Entfaltung dieser Zielorientierung führt zur Unterscheidung zweier unterschiedlicher Motivationsarten. Die Beobachtung von Tieren und Menschen zeigt, daß bestimmtes Verhalten in Gang gesetzt wird, um Spannungen abzubauen. Solche Spannungen treten auf, wenn elementare Bedürfnisse wie Durst, Hunger, Schlaf, Sicherheit, Bequemlichkeit usw. nicht befriedigt sind. Die aus dieser Spannung resultierende Energie wird in Handlungen umgesetzt, deren Richtungsbestimmtheit sich aus dem grundlegenden Bedürfnis ergibt: So tendiert die Spannung, die durch den Durst hervorgerufen ist, nach einer Handlung, die den Durst zu mindern vermag, nicht aber zur Befriedigung des Schlafbedürfnisses. Dieser Motivationsprozeß wird auch als «Trieb-Reduzierung» bezeichnet; ihm entspricht die Interpretation von Verhalten nach einem Homöostase- oder Gleichgewichtsmodell.

[11] Vgl. ebd. S. 183 Stichwort: Motivation.

[12] Es gibt auch sog. «expressives Verhalten» oder «Ausdrucks-Verhalten», das als nicht-motiviert bezeichnet wird. Vgl. dazu G. W. Allport, Gestalt und Wachstum in der Persönlichkeit, a. a. O., S. 453–486.

Diese «Mangel-Motivation» ist auch für den Menschen in weiten Bereichen der Lebenssicherung von Bedeutung, genügt aber nicht, spezifisch menschliche Verhaltensweisen zu erklären. Allport bemerkt hierzu im Anschluß an Maslow: «Wenn wir auch Stabilität wünschen – wir wünschen ebenfalls Abwechslung. Wenn wir auch zuverlässige Triebentspannungsverfahren lernen – wir geben auch alte Gewohnheiten auf und nehmen das Risiko auf uns, neue Wege des Verhaltens zu suchen. Ja nur durch Risiko-Übernahme und Variation kann Wachstum zustande kommen... Nirgendwo in diesem endlosen Gitter der Entwicklung finden wir, daß Gleichgewicht, Belohnung und Zufriedenheit den einzigen Schlüssel zur Motivation bilden.»[13] Denn wenn das Gleichgewicht der ideale Zustand des Individuums wäre, erwüchsen hieraus lediglich beharrende Tendenzen; für Wachstum wäre kein Platz.

«Motive des Wachsens» bewahren somit die Spannung im Interesse von fernen und oft unerreichbaren Zielen. Sie unterscheiden das Werden der Menschen vom Werden der Tiere und das Werden der Erwachsenen vom Werden der Säuglinge. Als solche Motive des Wachstums sind Ideale zu nennen, Ziele auf weite Sicht, subjektive Werte und subjektive Interessensysteme.[14] Vergleicht man die Bestimmung der Religiosität, wie wir sie oben nach Allport genannt haben, sieht man, daß die «reife religiöse Gesinnung» wachstumsmotiviert sein muß.

Der Hauptunterschied zwischen Mangel- und Wachstums-Motivation, nämlich nicht Abbau von Spannung im Zusammenhang grundlegender biologisch-physiologisch-sozialer Bedürfnisse, sondern Aufrechterhaltung von Spannung zur Realisierung *selbst* gesetzter Ziele, führt uns zu weiteren Problemen, vor allem: Wie ist die Kontinuität der Entwicklung und des Verhaltens zu wahren, wenn zwei so gegensätzliche Motivationsprozesse beteiligt sind? Welche Bedeutung haben im Zusammenhang der Zielorientierung die kognitiven Prozesse bei der Motivation intentionalen Verhaltens?

Zur Beantwortung der ersten Frage nach der Kontinuität hat A. H. Maslow einen auch pädagogisch bedeutsamen Beitrag geleistet: Der Reifung der psychischen Funktionen analog haben in der menschlichen Entwicklung zu verschiedenen Zeitpunkten ver-

[13] G.W. Allport, Werden der Persönlichkeit, a.a.O., S.63f.
[14] Vgl. ebd. S.65.

schiedene Motive unterschiedliche Bedeutsamkeiten. Bevor nicht die grundlegenden physiologischen Bedürfnisse befriedigt sind, vermag das Kind seine Energie nicht auf andere Ziele zu richten. (Da diese Bedürfnisse zugleich angeboren sind, kommt dadurch Verhalten überhaupt erst in Gang, so daß «die Natur das Problem des Anfangs löst».) Eine Stufe höher liegt dann bereits das Bedürfnis nach Sicherheit, dem schließlich die Bedürfnisse nach Geborgenheit und Liebe und schließlich nach Geltung folgen. Erst wenn diese «grundlegenden Bedürfnisse» («basic needs») befriedigt sind, kann das Verlangen nach Selbstverwirklichung und Selbstgestaltung wirksam hervortreten; dies ist im allgemeinen während der Reifezeit der Fall. Selbstverwirklichung basiert somit auf einem Fundament gesicherter Lebensbezüge und stellt diese im Sinne der *Selbst*verwirklichung in einen aktiv gestalteten Lebenszusammenhang, in dem die Bedeutsamkeit früherer Erfahrungen nicht verloren geht, wohl aber im Sinne der Umformung einen neuen Stellenwert erhält (vgl. oben S. 29).
Krech/Crutchfield haben dies nach Maslow graphisch dargestellt, und R. Oerter hat diese Skizze der psychologischen Entwicklung noch etwas modifiziert:[15]

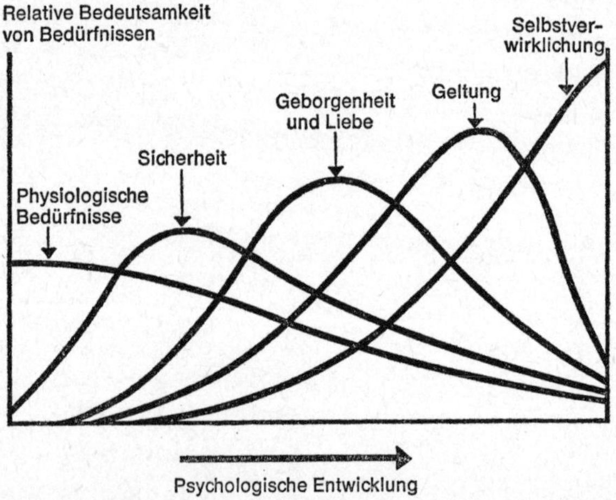

«Schematische Darstellung der Bedeutsamkeit von Motiven zu verschiedenen Zeitpunkten der Entwicklung im Sinne Maslows. Das vorausgegangene Bedürfnis muß erst abklingen, bevor das neue eine dominante Rolle spielt. Das Schema veranschaulicht auch die Zunahme der Motive mit dem Alter.»

[15] R. Oerter, Moderne Entwicklungspsychologie, Verlag L. Auer, Donauwörth [11]1972, S. 99.

Daß dieser Prozeß in Richtung Selbstverwirklichung nicht ohne Konflikt abläuft, haben uns tiefenpsychologische Beobachtungen gezeigt. So wird bei R. Spitz deutlich, daß bei all diesen Problemen der Persönlichkeit oder dem Selbst das zentrale Interesse entgegengebracht werden muß: «Da, wo der Wille des Kindes mit dem der Mutter zusammenstößt, lernt das Kind die Grenzen seines Willens, seiner Wünsche, seiner Phantasien in bezug auf sich selbst erkennen, und damit verengen bzw. bilden sich die Grenzen des Selbst.»[16] Die Kontinuität der Entwicklung kommt somit im schrittweisen Aufbau der Persönlichkeitsstruktur zum Ausdruck.
Um die Bedeutung der kognitiven Prozesse für die Zielrichtung der Motivation intentionalen Verhaltens zu kennzeichnen, ist ein Hinweis auf die Antizipation im Motivationsprozeß hilfreich. Während sich bei Tieren die Richtungsbestimmtheit der Motivation aus den triebbedingten kurzfristigen Vorwegnahmen des «Sättigungszustandes» ergibt, ist der Mensch in der Lage, Antizipationen hervorzubringen, die nicht einer Bedürfnislage, sondern der Interpretation von Zusammenhängen durch ihn selbst entspringen. Zugleich sind diese Vorwegnahmen von einer Spannweite, daß die menschliche Existenz langfristig durch sie ihre Richtung erhält. Diese ausrichtenden Vorwegnahmen, Intentionen, verknüpfen somit Gegenwart und Zukunft des Menschen, orientieren das Verhalten des Menschen, sind deshalb als Ausdruck der persönlichen Lebensgestaltung von Bedeutung und werden daher emotional positiv bewertet.[17]

Nach diesen Überlegungen zur Motivation können wir wieder zur Religiosität zurückkehren und verstehen auch Allports Bemerkung, «daß die religiöse Gesinnung eng verbunden ist mit den am weitesten ausholenden Seiten des Werdens, nicht zuletzt auch mit Eigenstreben, umfassendem Gewissen und Intentionalität».[18] Religiosität ist nicht *mehr* anlagebestimmt, als es die in ihr

[16] R. Spitz, Das Selbst und das Ich, in: P. Kutter/H. Roskamp (Hrsg.), Psychologie des Ich. Psychoanalytische Ich-Psychologie und ihre Anwendungen, (Wege der Forschung 259), Darmstadt 1974, S. 264.

[17] Da sowohl längerfristige Leitbilder für die Zukunft wie auch Selbstverwirklichung Reifung und Erfahrung sowie Entwicklung der Persönlichkeitsstruktur voraussetzen, wird verständlich, warum die Pubertät eine herausragende Bedeutung im Entwicklungsprozeß erhält.

[18] G. W. Allport, Werden der Persönlichkeit, a. a. O., S. 8.

beteiligten seelischen Funktionen sind. Vielmehr folgt die Entwicklung der Religiosität den Strukturen der Persönlichkeitsentwicklung, gemäß der auch die verschiedenen Lernerfahrungen geordnet und vertieft werden. Entscheidend für die reife Religiosität ist, daß sich in ihr eine Transformation bisheriger Lebenserfahrungen vollzieht, insofern ein durch Lernerfahrungen gegebener Zusammenhang in die aktive Sinndeutung des Lebens umgestaltet wird. Diese Umgestaltung selbst wird getragen durch die intentionalen Prozesse, die den Menschen über das Tier, den Erwachsenen über den Säugling hinausheben. Damit ist die reife Religiosität nicht mehr primär an den Erfahrungen der Vergangenheit orientiert, wenn auch von ihnen getragen, sondern nimmt Zukunft vorweg zur aktiven Lebensgestaltung im Sinne einer handlungsrelevanten, emotional hoch bewerteten Theorie des Seins. Religiosität in diesem Sinne ist also keineswegs bloße Wiederholung von Kindheitserlebnissen, wie S. Freud uns glauben machen will.
Auch wenn damit die Psychologie die objektive Wahrheit der Religionen nicht sichern kann, verstellt sie doch diese nicht, da auch sie selbst die Bedeutung der Sinn-Dimension anerkennen muß. So kann die Psychologie zumindest die Mannigfaltigkeit und die große Bedeutung der Religiosität für die Lebensgestaltung erhellen.[19] Sie kann den Menschen studieren als ein Individuum, das der Selbstbehauptung, der Selbstkritik und der Höherbildung fähig ist und das sich besonders auszeichnet durch Leidenschaft für Integrität und für eine sinnvolle Beziehung zum Ganzen des Seins.[20]

[19] Vgl. W. James, Die religiöse Erfahrung in ihrer Mannigfaltigkeit, Leipzig [4]1925.
[20] Vgl. G. W. Allport, Werden der Persönlichkeit, a. a. O., S. 88.

3. Religionspädagogische Wertung

Die bisher weniger unter inhaltlichen als formal-theoretischen Erwägungen dargestellte Psychologie der Religiosität gilt es, auf religionspädagogische Möglichkeiten angesichts gegenwärtiger Praxis zu befragen.
Die Entwicklung der Religiosität ist nicht nur ein Problem von Reifen und Lernen, sondern beruht auf intentionaler Verhaltensänderung als Selbstbestimmung. Damit hängt die Entwicklung der Religiosität engstens mit der der Persönlichkeit zusammen, insofern Selbstbestimmung von der Persönlichkeitsstruktur getragen ist. Diese Gestalt der Religiosität ist religionspädagogisch bedeutsam, insofern in ihr die menschlichen Möglichkeiten zum Ausdruck kommen, aus denen sich wiederum Anforderungen an Theorie und Praxis religiöser Erziehung ergeben. Einige dieser Anforderungen lassen sich im Zusammenhang der Kritik einiger Aspekte gegenwärtiger religionspädagogischer Theorie und Praxis formulieren.
In Diskussionen um die Erfolgsaussichten des Religionsunterrichts spielt oft das Argument eine Rolle, daß Kinder vom Elternhaus her nicht mit religiösem Verhalten vertraut sind und demzufolge das religionspädagogische Bemühen fehlschlagen müsse. Hinter dieser Einschätzung der Erfolgsaussichten eines Religionsunterrichtes steht die im Zusammenhang der Sozialisations- oder Lerntheorie der Religiosität betonte Bedeutung des frühen Lernens im primären Sozialisationsbereich Familie. Wo dieses Lernen ausfalle, gestalte sich alles nachfolgende Lernen als eminent schwierig. Die daraus resultierende pädagogische Einstellung ist oft resignativ oder versucht, durch lebensgeschichtlich rückwärts gewendete Konfliktverarbeitung Vergangenes aufzuarbeiten. Auch wenn frühes Lernen den Grundstein für die religiöse Entwicklung darstellt, so greifen diese Einstellungen doch zu kurz, wenn sie diesem Lernen alleinige Aufmerksamkeit zuwenden; denn im Laufe der Entwicklung des Menschen können Momente intentionaler Verhaltensänderung zunehmend an Bedeutung gewinnen, so daß der Heranwachsende in Auseinandersetzung mit der Sinndimension von sich aus einen Zugang zur Welt der Religion bekommen kann.

So läßt sich allgemein formulieren: Wo frühes Lernen gelingt, muß sein Niederschlag dennoch in nachfolgende und höhere Strukturen der Persönlichkeitsentwicklung integriert und umgeformt werden. Wo frühes Lernen im religiösen Bereich nicht stattgefunden hat, können fortschreitende Strukturbildungen der Persönlichkeit, ermöglicht durch Erfahrungen in Auseinandersetzung mit anderen Sinnsphären, zu einer Korrektur der Lernausfälle bzw. der Fehlentwicklungen führen. Ein pädagogischer Pessimismus erscheint daher nicht angebracht, auch wenn eine solche Erkenntnis die schwierige Forderung nach Durchlässigkeit der verschiedenen Lebens- und Fachbereiche enthält. Die sich im Zuge der Selbstbestimmung relativierende Bedeutung des frühen Lernens ist gleichbedeutend mit der pädagogischen Forderung, die Entwicklung der Religiosität stärker im Kontext der Personalisation, d. h. der bewußten Selbstgestaltung zu sehen.
Selbstgestaltung, Selbstbestimmung oder intentionale Verhaltensänderung setzen aber, dies läßt sich aus den theoretischen Erörterungen schließen, Kontinuität der soziokulturellen Herausforderungen voraus. Nur wenn der Zusammenhang dieser verschiedenen Herausforderungen für den Schüler durchsichtig ist, können sich statt Desorientierung Strukturen herausbilden. Problemorientierung des Religionsunterrichts kann dann hilfreich sein, wenn die Probleme nicht aus einem häufig wechselnden kurzfristigen Interesse der Schüler, sondern aus den Bedürfnissen ihrer Persönlichkeitsproblematik abgeleitet werden. Wo hingegen nur kurzfristig und ständig wechselnd isolierte Aspekte eines Unterrichtsgegenstandes herausgegriffen werden, kann dies nur negative Folgen für die Strukturbildung haben. Ein Religionsunterricht, der zunehmend durch Modelle gestaltet wird, muß sich besonders dieser Gefahr bewußt werden.
Diesen Problemen einer intentional geformten Religiosität gesellen sich weitere Schwierigkeiten zu, wenn man berücksichtigt, daß Selbstbestimmung kein isoliertes Problem der Religiosität ist. Diese Schwierigkeiten sind, worauf Lehrer in Diskussionen immer wieder hinweisen, auch schulorganisatorischer Art. Zumindest in großen Schulkomplexen (z. B. Gesamtschulen) scheint die Forderung nach Kontinuität illusorisch zu sein: Wo der Schüler schon mit Beginn der Hauptschule mit ständig wechselnden Beziehungsfeldern zu rechnen hat, wo ständig wechselnde Klassenräume, wechselnde Gruppenzusammensetzungen, Unüber-

schaubarkeit personaler Kontakte in einer Massenschule gegeben sind, können die persönlichkeitsfördernden Impulse nur schwer aufgenommen werden.
Die Verlagerung des Religionsunterrichts in eine Gemeindekatechese verringert zwar einige dieser Probleme, verstärkt aber mit dem Ausschluß nicht motivierter Schüler die Tendenz, der zeitgenössischen Einschätzung entsprechend Religiosität allein mit einem Sonderbereich zu verbinden; auch damit kann eine mögliche, verhaltensintegrierende und -steuernde Funktion der reifen Religiosität nur unter erschwerten Bedingungen erreicht werden.
Es ist angesichts der bisherigen Erwägungen zu vermuten, daß allein eine konsequente Beachtung und pädagogische Vertiefung der Momente Strukturbildung und zunehmende intentionale Verhaltensänderung im Zusammenhang der Personalisation neue Möglichkeiten religionspädagogischer Praxis erschließen. Diese Möglichkeiten zu realisieren, erfordert keine Negation alles Bestehenden. Es gilt vielmehr, in die häufig *isolierten* Momente religionspädagogischer Praxis *einen lebensgeschichtlich wirksamen Zusammenhang* zu bringen. Wie ein solcher Zusammenhang zu gestalten sei, kann nur die Erörterung der im Strukturbildungsprozeß beteiligten Momente und die Entfaltung der sukzessiven Strukturen selbst ergeben. Daraus resultiert die Aufgabe des nachfolgenden Kapitels, neben der Darstellung religiöser Werthaltungen verschiedene Konzepte der Persönlichkeitsentwicklung vorzustellen und auf ihre religionspädagogische Bedeutsamkeit hin zu befragen.

4. Religiöse Identitätsbildung als Aufgabe der religiösen Erziehung

Ein religionspädagogisches Konzept, das die Bedeutsamkeit der bisher unter theoretischen Gesichtspunkten entwickelten Erkenntnisse um Reifen, Lernen und Strukturbildung ernst nehmen will, muß die damit verbundenen Probleme auch inhaltlich diskutieren. Im Kontext religiöser Erziehung bedeutet dies, z.B. nicht nur von intentionaler Verhaltensänderung, von Selbstbestimmung und Zukunftserwartungen zu sprechen, sondern genau die psychischen Zusammenhänge aufzuweisen, die zu solchem Verhalten befähigen. Als ein solcher Zusammenhang, eine solche Struktur ist in erster Linie die Persönlichkeit zu nennen. In ihr gewinnt das Ausdruck, was im einzelnen Leben des Menschen aus all den Erfahrungen lebensgeschichtlich Form gefunden hat: die *Identität* eines Menschen im weitesten Sinne. Religionspädagogik hat demzufolge die Prozesse von Reifung, Lernen und Strukturbildung im Kontext der Persönlichkeits- oder Identitätsbildung zu vertiefen, wobei besonders auch die Strukturen vorbereitenden Momente besondere Bedeutung gewinnen. Es sind dies Einstellungen und Werthaltungen.

4.1 Zur Entwicklung religiöser Werthaltungen

Die individuelle Eigenart eines Menschen zeigt sich uns, wenn wir seine bevorzugten Verhaltensweisen, seine persönlichen Wertungen und Charakteristika beachten. Wir erfassen somit eine dahinter stehende Persönlichkeitsstruktur mittels dem, was die Psychologie *Einstellungen* nennt. Diese Einstellungen motivieren menschliches Verhalten, beeinflussen die emotionale Bewertung von Situationen und sind somit Organisationsformen des Menschen. In diesen Einstellungen erwirbt sich der Mensch aus seinen Lernerfahrungen Verhaltensweisen, die ihn über die Instinktabhängigkeit des Tieres hinausheben.[1]
Wie bereits im Zusammenhang der Begriffsbestimmung der Religiosität erwähnt, kommen Allport und Oerter in der Interpretation

[1] Vgl. G.W. Allport, Gestalt und Wachstum in der Persönlichkeit, a.a.O., S.252ff.; E. Roth, Einstellungen als Determinanten individuellen Verhaltens, Göttingen 1967.

der Religiosität darin überein, daß beide dieses Phänomen unter dem Gesichtspunkt der Einstellungen betrachten. In der Kennzeichnung «religiöse Gesinnung» und «religiöse Werthaltung» heben beide die orientierend-motivationale Bedeutung der Religiosität hervor.

Zur näheren Kennzeichnung solcher Werthaltungen unterscheiden wir mit R. Oerter drei Komponenten: eine kognitive, eine affektive und eine Handlungs-Komponente. Dabei entspricht die Handlungskomponente unserer Bereitschaft, auf bestimmte Reizmuster hin zu handeln. Die kognitive Komponente umfaßt die Prozesse, die mit Urteilen, Begründen, Meinen und Glauben zu tun haben. «Im Brennpunkt steht das Wertkonzept bzw. das Wertsystem, auf welches sich die Haltung bezieht.»[2] Über das Werten ist auch die affektive Komponente mit der kognitiven verknüpft; jene ist sogar für die Werthaltung von besonderer Bedeutung, insofern «nur durch das persönliche Engagement, durch den emotionalen Bezug zu den Objekten, die Werthaltung für Lebensplanung und -führung Bedeutung (gewinnt)».[3] Die affektive Komponente ist somit Grundlage der motivationalen Dynamik, welche sich jedoch nur in der Interaktion aller drei Komponenten entfalten kann.

Diese Interaktion ist in allen drei Komponenten bereits angelegt. Die kognitive Komponente dient der Orientierung der Handlung und ermöglicht in ihrem wertenden Anteil eine emotionale Besetzung eines Objektes und der auf es bezogenen Verhaltensweise. Auch die Emotionen verweisen auf ein kognitives Moment. Sie sind nicht einfach organische Spannungszustände, sondern die qualitative Eigenschaft eines für das Individuum *bedeutsamen* Ereignisses. Reykowski nennt dies das inhaltliche Moment der Emotion und unterscheidet daneben noch deren Vorzeichen (Aktivität fördernd, hemmend) sowie deren Intensität (Erregungskomponente).[4] Damit gibt es deutliche Unterscheidungskriterien zwischen einer reinen Organempfindung und einer Emotion, insofern für diese bestimmend ist, was die Phänomenologen Intentionalität des Gefühls genannt haben.[5]

[2] R. Oerter, Moderne Entwicklungspsychologie, a.a.O., S. 233.
[3] R. Oerter, Genese und Struktur von Werthaltungen bei Kindern und Jugendlichen, in: Archiv f. Rel. Psychol. 10 (1971) S. 161.
[4] Vgl. J. Reykowski, Psychologie der Emotionen, Donauwörth 1973, S. 29.
[5] Vgl. A. Vergote, Religionspsychologie, a.a.O., S. 114.

Diese Erkenntnis ist für eine mögliche Bestimmung affektiv-emotionaler Lernziele von fundamentaler Wichtigkeit, insofern durch die Anknüpfung an lebensgeschichtlich- und entwicklungsbedingte Bedeutsamkeiten der Persönlichkeit eine emotionale Betroffenheit des Ichs erreicht werden kann. Da dabei die kognitive Komponente nicht ausgeschaltet werden kann, wird sich eine im Einstellungskontext vollzogene emotionale Bildung auch dem Vorwurf der Manipulation entziehen. Die genannten Bedeutsamkeiten sind dem Individuum nicht naturhaft vorgegeben, sondern entspringen einer sich zunehmend differenzierenden Ich-Welt-Beziehung. Diese Beziehungen sind kognitiv entfaltet, so daß die Einstellungen sowohl Ausdruck der Interessen des Individuums, seiner kognitiven Entwicklung, seiner Lerngeschichte und insbesondere des Standes seiner Persönlichkeitsentwicklung sind.

Zur Kennzeichnung eines weiteren bedeutsamen Aspekts der Einstellungen weist Allport darauf hin, daß diese nicht nur die «Perceptionen» des Menschen im Wahrnehmungsbereich, sondern auch dessen «Proceptionen» als der eigenen umfassenden Sicht der Welt unter Einbezug der «eigenen Erwartungen» für die Zukunft orientieren.[6]

Vergegenwärtigt man sich die vielfältigen Aspekte von Einstellungen, dann wird deutlich, daß die Entwicklung von Werthaltungen ein komplexes Geschehen ist. R. Oerter ist dem Problem der Entwicklung religiöser Werthaltungen besonders nachgegangen und hat zwei grundlegende Wurzeln dieser Entwicklung festgestellt. Religiöse Einstellungen oder Werthaltungen werden von der Umgebung übernommen und am besten durch soziales Lernen erklärt. Ein zweiter Anteil der religiösen Einstellung entstammt aber einer anderen Quelle. Je mehr sich nämlich im Kind die Ich-Welt-Beziehungen geistig repräsentieren, je mehr sich darin das Ich von der Umwelt abhebt, umsomehr wird sich auch das Kind seiner begrenzten Existenz bewußt. Die Tatsache, daß der Mensch nicht nur Ich-Welt-Beziehungen hat, sondern auch über sie reflektieren kann, «führt in jedem menschlichen Leben zu Überlegungen über die eigene Existenz».[7] Damit ist für die Entwicklung von religiösen Einstellungen auch das kennzeichnend, was oben intentionale Verhaltensänderung genannt wurde. Bis

[6] Vgl. G. W. Allport, Gestalt und Wachstum in der Persönlichkeit, a.a.O., S. 257.
[7] R. Oerter, Moderne Entwicklungspsychologie, a.a.O., S. 287.

der Jugendliche aber zu einer solchen intentionalen Auseinandersetzung mit seiner Existenz fähig ist, hat er sich schon mannigfache Einstellungen erworben, die nicht eigener Reflexion entspringen. Vielmehr sind im sozialen Feld hierfür zwei Lernprozesse verantwortlich: *Imitations- oder Nachahmungslernen* und *Identifikationslernen.*

Im Entwicklungsprozeß der religiösen Werthaltungen bilden sich die verschiedenen Komponenten nicht gleichzeitig heraus. Religiöse Bräuche und Gewohnheiten wie Beten, Weihwassernehmen, Kreuzzeichenmachen usw. ahmt das Kind zunächst nach, wenn es in seiner Familie im Kontakt mit den primären Bezugspersonen entsprechende Beobachtungen macht und die Nachahmung dieser Verhaltensweisen eine Vertiefung dieser grundlegenden Beziehungen mit sich bringt. Durch dieses *Nachahmungslernen,* das in seiner Bedeutung für religionspädagogisch konzipierte Verhaltensmodelle jüngst von A. Biesinger im Anschluß an die verschiedenen Arbeiten von A. Bandura skizziert wurde,[8] festigt sich im Kind eine Verhaltensweise, die alsbald eine affektive Bewertung erhält: Die Nachahmung der Bezugspersonen zusammen mit den Besonderheiten religiöser Situationen wie Schmuck der Kirchen, das Singen von Liedern und solcher Details wie der Geruch von Weihrauch[9] führen zu emotional positiven Einstellungen beim Kind. Je diffuser allerdings religiöse Objekte sind, umso stärker wird die kindliche Phantasie zu unkontrollierten und unkontrollierbaren Produktionen angeregt. Dies beeinträchtigt zu einem nicht geringen Maße die in der Regel erst *nachträgliche* kognitive Interpretation des so erlernten, nachgeahmten religiösen Verhaltens. Einfachheit und klare Gestaltung religiöser Objekte sowie Überschaubarkeit der religiösen Beziehungen sind somit eine der Hauptforderungen an die frühe religiöse Erziehung in Kontext der Nachahmung. Wo diesen Anforderungen nicht entsprochen wird, werden religiöse Verhaltensweisen mit zunehmendem Gebrauch der intellektuellen Fähigkeiten und bei erwachender Kritikfähigkeit abgebaut oder emotional negativ bewertet.

[8] Vgl. A. Biesinger, Imitationslernen und Verhaltensänderung. Lernpsychologische Aspekte zum Lernbereich Nächstenliebe, in: Katech. Blätter 99 (1974), S. 588 bis 598; A. Bandura, Principles of behavior modification, London 1970.

[9] Vgl. P. W. Pruyser, Die Wurzeln des Glaubens. Eine Psychologie des Glaubens, Bern/München/Wien 1972, der insgesamt den Einfluß solch äußerer Momente untersucht.

Einstellungen werden also zunächst über Nachahmungslernen erworben, wobei der Schwerpunkt dieser Lernform nach L. Kohlberg um das 4. bis 5. Lebensjahr anzunehmen ist; dieses Nachahmungslernen wird aber zunehmend durch *Identifikationslernen* abgelöst.[10] Eine nähere Analyse dieses Übergangs in den Lernformen zeigt, daß dieser mit der kognitiven Entwicklung des Kindes zusammenhängt: Während das Verhalten des jüngeren Kindes noch daran orientiert ist, sich so zu verhalten und das zu tun, wie es der Erwachsene wünscht, ist in der Orientierung des älteren Kindes ein bedeutsamer Wandel festzustellen. Es ist nicht weniger bereit, Vorbilder zu übernehmen. Es kann aber zufolge seiner fortgeschrittenen kongnitiven Reife und seines heranwachsenden Identitätsmusters nicht einfach Verhalten nachahmen, sich konformistisch verhalten. Es sucht sich vielmehr jetzt schon unter normativen Aspekten Vorbilder aus, die seiner persönlichen Lage entsprechen. Der Wandel von Imitations- in Identifikationslernen signalisiert somit einen Fortschritt in der Persönlichkeitsentwicklung, getragen von einer zunehmenden Reifung und Differenzierung der Kind-Welt-Beziehungen. Die sich aus dieser Einsicht ergebende Forderung, dem Kind die Auseinandersetzung mit Vorbildern als normativen Mustern zu ermöglichen, wird uns weiter unten noch näher beschäftigen.[11]
Dieser kognitiven Entwicklung muß auch die religiöse Erziehung Rechnung tragen. Der religiöse Bereich muß dem Kind in einer seinen sozialen und intellektuellen Fähigkeiten angemessenen Form erschlossen werden und insbesondere den noch zu entfaltenden Bedürfnissen der Persönlichkeitsentwicklung entsprechen. Ohne diesen Ausführungen vorgreifen zu wollen, kann auch für diese Form des Erwerbs religiöser Einstellungen und Werthaltungen gesagt werden: Eine positive emotionale Bewertung kann nur dann gefunden werden, wenn der religiöse Bereich zu einer Bereicherung des kindlichen Selbst führt und die Kind-Welt-Beziehungen zu vertiefen in der Lage ist. Die kognitiv entfaltete Selbsteinschätzung des Kindes ermöglicht zudem erstmals, eine ich-bezogene Auseinandersetzung mit dem Gottesbild, insofern das Gottesbild nicht nur die eigene Begrenztheit erkennen, sondern diese wiederum vertrauensvoll annehmen läßt.

[10] Vgl. L. Kohlberg, Zur kognitiven Entwicklung des Kindes, Frankfurt/M. 1974, S. 167.
[11] Vgl. Abschnitt 4.2.2.

Ein Motiv für die Berechtigung dieser Annahme ergibt sich aus einer weiteren Lernform im Zuge der kognitiven Entwicklung, die besonders in der religiösen Entwicklung wirksam werden kann. Gemeint ist das *Subsidiationslernen,* das zum Abrunden oder Auffüllen noch unvollständiger Strukturen führt. Es entspringt der Bemühung um Sinn und ist Ausdruck der aktiven, organisierenden Eigentümlichkeit unseres Erkennens.[12] Dieses Subsidiationslernen setzt eine Reife der intellektuellen Funktionen voraus, die in der Regel erst im Zusammenhang der Pubertät erworben wird. Für den pubertierenden Jugendlichen können allerdings solche Abrundungsprozesse in den Ich-Welt-Bildern durch religiöse Inhalte zu einer wesentlichen Quelle emotionaler Erfahrung werden. Im Unterschied zu früheren Erfahrungen vermag diese Lernform Einstellungen zu fundieren, die Ausdruck der als so bedeutungsvoll erkannten intentionalen Selbstgestaltung sind.

Überblickt man den komplexen Vorgang des Erwerbs von Einstellungen und zieht schon verschiedentlich angesprochene Beobachtungen zur Situation heutiger Jugendlicher heran, so muß auffallen, daß die hier beschriebenen Lernformen sowohl im primären Sozialisationsbereich der Familie als auch in der Schule häufig nicht wirksam geworden sind. Die prägenden Einflüsse im Elternhaus fallen weitgehend aus, weil Eltern sich häufig ihrer eigenen Orientierungen nicht mehr sicher sind. Daraus resultiert eine Schwächung des Nachahmungslernens (anzustrebende Verhaltensweisen treten nicht mehr deutlich hervor) und des Identifikationslernens (die normative Kraft des Religiösen kommt nicht mehr zum Ausdruck). Die zunehmende Richtungslosigkeit heutiger Jugendlicher mag unmittelbare Folge dieser Ausfälle sein.

Diese Situation zu verändern, mag gelingen, wenn dem Kind und Jugendlichen die Gelegenheit zur Auseinandersetzung mit einem klar vorgestellten Orientierungsrahmen, mit einem seine Gründe verdeutlichenden religiösen Verhalten der Erziehergeneration gegeben wird. Letztlich kann aber die im Interesse der Bedeutsamkeit von religiösen Einstellungen hervorgehobene Interaktion von emotionaler und kognitiver Komponente nur dann erreicht werden, wenn der Anteil der Ich-Beteiligung in den Lernprozessen ständig zunimmt und die Transformierung von übernommenen Verhaltensweisen in selbstbestimmte Entscheidungen gelingt.

[12] Vgl. G.W. Allport, Gestalt und Wachstum in der Persönlichkeit, a.a.O., S.103.

Wo diese entscheidende Transformation nicht gelingt, bleibt auch das religiöse Verhalten unreif und nur angepaßt. Ein solches Verhalten ist durch ein nicht strukturiertes Bündel von Einstellungen motiviert, nicht aber durch die Persönlichkeit zentriert. Wer der religiösen Erziehung die oben angedeuteten Chancen sichern will, muß sich deshalb mit der Entwicklung der Persönlichkeit vertraut machen.

4.2 Zur Entwicklung einer religiösen Persönlichkeit

Die Begriffe «Ich», «Identität», «Selbst», «Person» und «Persönlichkeit» werden in der Psychologie recht unterschiedlich gebraucht. So bezeichnet der Begriff «Persönlichkeit» ganz allgemein die individuelle Einheit des Verhaltens und seiner inneren Begründung. Gegenüber dem Begriff der Person deutet der Begriff «Persönlichkeit» auf das Bemühen der Psychologen hin, philosophische Bedeutungen weitgehend auszuklammern. Entscheidend ist jedoch, daß immer wieder im Zusammenhang der Eingrenzung des Phänomens Persönlichkeit auf jenen Einheitsgesichtspunkt verwiesen wird, der uns schon bei der älteren Religionspsychologie als «synthetische Funktion» begegnet ist.[13]
Ähnlich hebt Allport diesen vereinigenden Akt des Selbst hervor, wenn er Persönlichkeit definiert als «die dynamische Organisation derjenigen psychophysischen Systeme im Individuum, die sein charakteristisches Verhalten und Deuten determinieren».[14]
Andere Psychologen äußern sich zum Ich oder Selbst nur in bestimmten Wortverbindungen. So spricht H. Thomae vom Selbst als einem der «wichtigsten Orientierungspunkte für das eigene Verhalten» und von den «zukunftsbezogenen kognitiven Systemen» (Plänen, Leitbildern, langfristigen Einstellungen) als von der «prospektiven Sphäre» oder dem «prospektiven Ich».[15]
Alle, die philosophisch-anthropologischen Implikationen ausklammernden Bestimmungen der Persönlichkeit sind auch in der Psychologie nicht unumstritten, geht es doch bei der Frage nach der Einheit der Persönlichkeit und ihrer Zukunftsorientierung auch

[13] Vgl. oben Abschnitt 1.1.
[14] Vgl. G.W. Allport, Gestalt und Wachstum in der Persönlichkeit, a.a.O., S.28.
[15] Vgl. H. Thomae, Konflikt, Entscheidung, Verantwortung. Ein Beitrag zur Psychologie der Entscheidung, Stuttgart/Berlin/Köln/Mainz 1974, S.110.

um Sinnprobleme: Persönlichkeit als Ganzheit läßt sich nicht ohne weiteres wie deren Teile, Funktionen und Genesen interpretieren. Ph. Lersch und A. Wellek zufolge meldet sich in der Einheit der Persönlichkeit vielmehr die Transzendenz des Psychischen an, welche auch die Psychologie zwingt, sich verstehend den umfassenden Problemen der menschlichen Existenz zu nähern.

Eine ähnliche Einsicht ergibt sich aus der Bestimmung der mit dem Persönlichkeitskonzept eng verknüpften Frage nach der *Identität.* E. H. Erikson bestimmt Identität als das Ergebnis einer Integration. Das Gefühl der Ich-Identität ist das angesammelte Vertrauen darauf, daß der Einheitlichkeit und Kontinuität, die man in den Augen anderer hat, eine Fähigkeit entspricht, diese innere Einheitlichkeit und Kontinuität tatsächlich aufrechtzuerhalten.[16] Identität erwächst somit aus einem sozialen Feld vertrauensvoller Beziehungen und ist dennoch mehr als nur Niederschlag dieser Beziehungen, insofern damit auch die Fähigkeit verknüpft ist, von sich aus Erwartungen erfüllen zu können. Daß Identität nicht nur ein Ergebnis von Anpassungsprozessen ist, darauf verweisen durchaus im Sinne Eriksons A. und M. Mitscherlich. Identität hat nicht nur einen sozialen Aspekt, der sich in der Übernahme und Erfüllung von Rollen spiegelt. Identität hat auch einen Selbst-Aspekt, der sich in der Erfahrung der inneren Kontinuität ausdrückt, in dem Gefühl, einer Selbstverwirklichung zuzustreben, die sich auch von außen kommenden Erwartungen gegenüber Unabhängigkeit verschaffen kann.[17]

Identität gründet somit in *gelungenen Beziehungen.* Sie bedeutet eine emotionale Grundbestimmtheit, insofern sie Ausdruck für das sich aus diesen Beziehungen entwickelnde Selbstvertrauen des Menschen ist. Diese Entwicklung setzt Dynamik und Kontinuität voraus, ohne die der Mensch nicht zur Persönlichkeit werden kann. Identität ist aber zugleich ein Problem der *Bestimmung.* Will man dem Selbst oder der Identität die Fähigkeit neuer Zielsetzungen oder des Widerstands gegen eine alles umfassende Anpassung zuschreiben, muß der Mensch in der Identität auch zu seinem eigenen Standpunkt und zu einer gewissen Unabhängigkeit finden. Identität ist also nicht nur Ausdruck beziehungsvollen

[16] Vgl. E. H. Erikson, Identität und Lebenszyklus, a. a. O., S. 107.

[17] Vgl. A. und M. Mitscherlich, Die Unfähigkeit zu trauern, Frankfurt/M. 1967, S. 232f.

Vertrauens, sondern auch des Vertrauens, in der Selbstbestimmung sich selbst zu realisieren; sie ist Hoffnung auf das Gelingen dieser Bestimmung.
Die Dynamik von Beziehung und (Selbst-)Bestimmung wird zu einer Spannung, welche die Persönlichkeit – auch die religiöse – zeitlebens umfangen kann, aus der sie neue Impulse erhält. In ihr erfassen wir ein Charakteristikum menschlicher Existenz. A. Sborowitz kennzeichnet sie treffend, wenn er sagt, daß Beziehung und Bestimmung in die Wahrheit des Lebens hineinführen. So tief die Beziehung als Verhältnis zum Du auch sein mag, sie gerät ins Leere, wo sie nicht durch vertieftes Selbstbewußtsein ergänzt wird. Und auch das Verhältnis zu sich selbst, so unabdingbar es für alle menschliche Existenz ist, «droht in der eigenen Tiefe zu ertrinken, wo es nicht durch die Beziehung zum anderen, zum Du, reguliert wird».[18] Identität ist somit der psychologische Ort, an dem Religiosität und Persönlichkeit ihre Zuordnung finden können.
Damit lassen sich die grundlegenden Aspekte der Persönlichkeit zusammenfassen: Im Ich sehen wir die einigende Funktion der Persönlichkeit, insofern darin die verschiedenen Bereiche zu einer Einheit integriert sind. Mit dem Begriff der Identität verbinden sich die Kontinuität der menschlichen Existenz in Vergangenheit, Gegenwart und Zukunft sowie die des Zusammenhangs zwischen Gemeinschaft und Selbstbestimmung und die sie tragenden Momente von Vertrauen und Hoffnung. Da diese Spannung zwischen Beziehung und Bestimmung die Offenheit menschlicher Existenz zeitlebens kennzeichnet, ist besonders danach zu fragen, wie der Mensch sich in dieser Spannung entwickelt, wie er die sich daraus ergebenden Probleme überwinden kann, und letztlich, wie die Religiosität, die dieser Spannung verwandt ist, zu einer verantworteten menschlichen Haltung werden kann.

4.2.1 «Wachstum und Krisen» der Persönlichkeit

Die Entwicklung der Persönlichkeit tritt mit der Pubertät in ihre kritische Phase. Bevor aber ein so komplexes psychisches Geschehen Gestalt gewinnen kann, macht der Mensch viele Reifungs-, Lern- und Strukturierungsprozesse durch, die, wie schon im Zusammenhang der Entstehung von Werthaltungen gezeigt, in

[18] A. Sborowitz, Beziehung und Bestimmung. Die Lehren von Martin Buber und C. G. Jung in ihrem Verhältnis zueinander, Darmstadt 1965, S. 86.

verschiedenen Abschnitten der Entwicklung Gelingen oder Scheitern beinhalten können. Was dies besonders unter dem Gesichtspunkt der religiösen Entwicklung bedeutet, soll zunächst an zwei Entwicklungskonzepten gezeigt werden.

Allport: Die Proprium-Aspekte in der Entwicklung

Um die Verknüpfung von religiöser und Persönlichkeitsproblematik zu sichern, sei auch hier von Allport ausgegangen. Er verwendet zur Kennzeichnung der Persönlichkeit den Begriff des Propriums. Ausgehend von dem Unterschied zwischen dem, was für das Individuum von Bedeutung ist und dem, was nur als Tatsache registriert wird, schreibt er der Persönlichkeit das zu, was warm und wichtig ist, die Regionen des Lebens, die wir als unsere Besonderheit betrachten. Das «Proprium» umschließt all diese Aspekte und ist Ausdruck innerer Einheit. Die einzelnen Proprium-Aspekte sind zugleich in eine Entwicklung eingebunden und bilden die wachsende psychische Struktur der Persönlichkeit.[19]

Körpersinn. «Der erste Aspekt, auf den wir stoßen, ist das körperliche *Mich.*» Er stellt ohne Zweifel eine notwendige Grundlage dafür dar, daß sich der Sinn des Selbst bildet, und bleibt zeitlebens ein Anker für das Bewußtsein von uns selbst. Allport erklärt diesen Körpersinn durch Empfindungen von uns selbst, die uns in besonderer Weise in Situationen der Heiterkeit, der gymnastischen Bewegung und in Augenblicken der Sinnenfreude zufließen. Für das Klein-Kind bildet dieser Körpersinn den Anfang der Selbsteingrenzung, insofern es seine verschiedenen Organe, zunächst seine Extremitäten, als ihm zugehörig empfindet.[20]

Ohne diese Gewißheit dem eigenen Körper gegenüber kann sich der nächste Proprium-Aspekt, die *Selbst-Identität* nicht herausbilden. (Allport verwendet den Begriff Identität enger als Erikson.) Diese Identität äußert sich darin, daß wir uns unserer Gedanken, Wünsche und unseres Verhaltens von gestern erinnern, uns heute

[19] Vgl. G.W.Allport, Werden der Persönlichkeit, a.a.O., S.43f.

[20] Vgl. ebd. S.45f. Allport nennt S.45 ein immer wieder beeindruckendes Gedanken-Experiment zu dieser Problematik: «Man läßt zunächst in Gedanken Speichel im Mund zusammenlaufen (oder tut es wirklich). Dann stellt man sich vor, man spuckt den Speichel in ein Glas und trinkt ihn wieder! Was zunächst als natürlich und ‹Mein› erschien, wird plötzlich ekelhaft und fremd.»

etwas für morgen vornehmen und uns subjektiv sicher sind, daß es unsere eigenen Gedanken und Erinnerungen sind. Dieser Sinn für die eigene Kontinuität erwächst aus dem sozialen Kontakt, in dem wir mit Namen gerufen, gekleidet und mit bestimmten Aufgaben bedacht werden. Für das Kind ist dieser Prozeß mit großen Schwierigkeiten verbunden, was sich darin zeigt, «wie leicht ein Kind sich in Spiel und Rede entpersönlicht. Bis zum Alter von 4 oder 5 Jahren haben wir guten Grund zu glauben, daß die persönliche Identität, wie das Kind sie erfaßt, nicht sehr stabil ist. Etwa von diesem Alter an wird sie aber der sicherste Anhaltspunkt, den ein menschliches Wesen für seine Existenz besitzt».[21]

Ich-Erhöhung. Nachdem das Kind in dieser zweifachen Weise auf sich selbst aufmerksam geworden ist, entwickelt es Tendenzen, dieses Ich auch zu behaupten, zu lieben und gegen die Interessen anderer durchzusetzen. Dies kann beim Kind zu einer schamlosen Selbstsucht führen. Andererseits bildet dieses Gefühl des Selbstwertes den Ausgangspunkt für die Entwicklung, in der das Kind die eigenen Grenzen der Körperlichkeit und Gegenwart überschreitet. Körpersinn, Selbst-Identität und Ich-Erhöhung kennzeichnen nach Allport somit die Persönlichkeit, wie sie das Kind bis zum Alter von 4 oder 5 Jahren aufbaut.

Dieses «frühe Selbst» erfährt bis zum Eintritt in das Schulalter eine erste Erweiterung, die Allport *Ich-Ausdehnung* nennt. Der Mensch bleibt nicht auf sich selbst allein beschränkt. Er entwikkelt vielmehr für Personen und Dinge, die für ihn wichtig, also von Bedeutung sind, Interessen, die sein Selbst prägen. Diese Entwicklung beginnt im nachahmenden Spiel (Nachahmungslernen) und setzt sich fort in Identifikationen, zunächst mit den Eltern, dann mit kleineren und größeren Gruppen. «Später im Leben kann die Ausdehnung sehr weit gehen, und zwar dadurch, daß Treue und Interesse sich bilden, die auf Allgemeines und auf ethische und religiöse Werte gerichtet sind. In der Tat scheint ein Kennzeichen der Reife darin zu bestehen, wie stark und umfangreich man sich ergriffen fühlt von abstrakten Idealen.»[22] Zunächst aber dient die Ich-Ausdehnung der Orientierung des Kindes, ohne die es sich in seiner Welt nicht zurecht finden könnte. Insbesondere im kindlichen Spiel ergreift das Kind dabei Möglichkeiten,

[21] Ebd. S. 46.
[22] Ebd. S. 47.

die es aus der unmittelbaren Bedürfnisspannung herausheben und der Einübung neuer Möglichkeiten dienen.

Mit diesem ersten Herauslösen aus einer unmittelbaren Bedürfnisspannung sind die Voraussetzungen für die Entwicklung des kindlichen *Selbst-Bildes* gegeben. Im Alter von 4 bis 6 Jahren schon rudimentär vorhanden, ist dieses keimende Selbstbild jedoch stark von den Wünschen der Eltern und ihren Erwartungen bestimmt. «Natürlich hat (das Kind) bisher noch nicht richtiggehend ein Gewissen entwickelt, auch noch nicht irgendein Bild von sich selbst, wie es etwa als Erwachsener sein möchte. Es ist indessen dabei, die Grundlagen für seine Absichten, Ziele, seinen Sinn für moralische Verantwortlichkeit und sein Wissen von sich selbst zu legen, für all das, was später einen hervorragenden Teil seiner Persönlichkeit ausmachen wird. In der Kindheit ist die Fähigkeit, so von sich zu denken, wie man ist, wie man sein sollte, nur im Keim vorhanden.»[23] Das Kind kann somit nur soviel Verantwortlichkeit übernehmen und Gestaltungswillen entwickeln, wie man ihm in diesem frühen Entwicklungsabschnitt orientierend eröffnet.

Spätestens mit dem Eintritt in die Schule begegnen dem Kind Normen, die anders als die der Familie sein können. Die Frage ist daher, ob und inwiefern es Normen der Gleichaltrigen übernehmen bzw. die der Familie beibehalten solle. Die erste Lösung vom Elternhaus intensiviert mithin den Sinn des Kindes für seine eigenen Möglichkeiten. Allerdings bleiben diese bis zum Alter der beginnenden Pubertät noch in recht engen Grenzen. «Sein Sinn des Selbst ist nur dann in Ordnung, wenn es sich an äußere Regeln anpaßt, sich in die Bande hinein ausdehnt und ein Selbst-Bild von einem zuverlässigen Konformisten entwickelt.»[24] Die Beobachtungen J. Piagets[25] über das legalistische Verhalten der Kinder dieser Altersgruppe entsprechen den Erkenntnissen Allports. Identifizierung wird in diesem Alter zum wichtigsten Prinzip des Lernens.

Mit der Bereitstellung der Orientierungen und der Einübung der eigenen Denk- und Handlungsmöglichkeiten (das Selbst als ratio-

[23] G. W. Allport, Gestalt und Wachstum in der Persönlichkeit, a. a. O., S. 120.
[24] Ebd. S. 121.
[25] Vgl. J. Piaget, Das moralische Urteil beim Kinde (1954), (suhrkamp taschenbuch wissenschaft 27), Frankfurt/M. 1973, passim.

nal Handelndes) bereitet dieser Entwicklungsabschnitt auf Pubertät und Adoleszenz vor.
Allport nennt für dieses Alter als kennzeichnenden Proprium-Aspekt das *Eigenstreben* und bemerkt dazu: «Verschiedene Autoren behaupten, daß der Zement, der ein Leben zusammenhält, in seiner Gerichtetheit oder Intentionalität liegt. Um ein normaler Adoleszent und ganz besonders ein Erwachsener zu sein, braucht man ein bestimmtes Ziel, eine *Linie der Hoffnung*.»[26] In der Persönlichkeitsentwicklung ist diese Ausrichtung auf Verwirklichung des Selbst-Bildes der entscheidende Schritt auf die reife Persönlichkeit und ihren Selbstand hin. Während das Kind noch keine umfassend integrierende Anstrengung kennt, kennzeichnet erstes Planen für eine selbstgestaltete Zukunft den Jugendlichen in seiner Verantwortlichkeit. Dieses verantwortete Verhalten ist allerdings nicht bei allen Jugendlichen und Erwachsenen zu finden, vielmehr sind manche Heranwachsende auch weiterhin durch die verschiedenen auf sie einwirkenden Außenforderungen derart bestimmt, daß ihre Lebensgestaltung opportunistisch und unreif ist. Wie aber kommt es zu solchen unreifen Ausprägungen der Persönlichkeit? Liegt es lediglich am Mißlingen der Realisierung eines Selbst-Bildes, also an einer Fehlentwicklung in der entscheidenden Entwicklungs-«Phase», die durch die Pubertät eingeleitet wird, oder liegen die Ursachen tiefer, in den vorangegangenen Entwicklungs-Entscheidungen? Diese Frage ist nach der die «gesunden» Entwicklungen beachtenden Entwicklungslinie Allports nur schwer zu beantworten, insofern Konflikte, Chancen und Fehlformen nicht so deutlich zutage treten, als dies für eine Erkenntnis der Ursachen von Fehlentwicklungen der Fall sein müßte. Wir ergänzen daher die referierte Entwicklungslinie durch die von Erikson.

Erikson: Einheit und Dynamik der Identitätsentwicklung

Während Allport stärker die «Gestalt» der Persönlichkeit herausarbeitet, geht es Erikson darum, «die Einheit des menschlichen Lebenszyklus und die spezifische Dynamik jeder seiner Phasen, wie sie durch die Gesetze der individuellen Entwicklung und der

[26] G.W. Allport, Gestalt und Wachstum in der Persönlichkeit, a.a.O., S.124; Hervorhebungen von mir.

gesellschaftlichen Organisation vorgeschrieben werden» zu erfassen.[27] Er bezieht dabei insbesondere die inneren und äußeren Konflikte, die eine Person durchzustehen hat, in die Überlegungen mit ein, weil der sich entwickelnde Mensch aus ihnen «immer wieder mit einem gestärkten Gefühl innerer Einheit, einem Zuwachs an Urteilskraft und der Fähigkeit hervorgeht, (seine) Sache ‹gut zu machen›», wenn ihm die Bewältigung der Konflikte gelingt.[28] Erikson betont, daß diese Konflikte und Krisensituationen deshalb in die Überlegungen mit einbezogen werden müssen, weil die Existenz stets in die Spannung zwischen Verfestigung und Offenheit gestellt ist, aus welcher Dynamik die Kraft erwächst, das Leben sinnvoll zu gestalten.

Erikson nennt als erste Komponente der gesunden Persönlichkeit das «Gefühl eines *Ur-Vertrauens*»,[29] das sich auch in der Entwicklung des Menschen als erstes aus den Erfahrungen des Säuglingsalters bilden muß. Vertrauen bedeutet dabei ein Gefühl des Sich-Verlassen-Dürfens in bezug auf die Glaubwürdigkeit anderer, wie die Zuverlässigkeit seiner selbst. Als *Ur*-Erfahrung wird dieses Vertrauen dem Kind und oft auch dem Erwachsenen nicht sonderlich bewußt, stellt aber die Grundlage für eine integrierte Gesamtpersönlichkeit dar. Dies wird besonders dort deutlich, wo dieses Ur-Vertrauen gestört ist und sich daraus Fehlformen menschlicher Existenz entwickeln, die besonders heute häufig anzutreffen sind. Erikson nennt dieses «Gegen»-Gefühl *«Ur-Mißtrauen»,* auf das noch später im Leben auftretende psychische Erkrankungen und Fehlentwicklungen der Persönlichkeit zurückzuführen sind.

Hat sich im Säuglingsalter das Ur-Vertrauen entwickelt, kann das Kleinkind in der für es kennzeichnenden psychosozialen Verhaltensweise des «Festhaltens» und «Loslassens» seine anfängliche *Autonomie* im Gegenüber mit den Eltern entwickeln. Für diesen Altersabschnitt gewinnt die Sauberkeitserziehung, von der Psychoanalyse als Problem der «Analität» bezeichnet, für die Entwicklung der Persönlichkeit große Bedeutung, insofern durch die Modi des Festhaltens und Loslassens unter eigenem Befehl, unter eigener Kontrolle dem Kind ein erstes Gefühl für seine eigenen Möglichkeiten im Gegenüber der es hegenden, schützenden, jetzt

27 E. H. Erikson, Identität und Lebenszyklus, a. a. O., S. 7.
28 Ebd. S. 56.
29 Ebd. S. 62.

aber auch schon fordernden Erziehungsmächten erwächst. Diese neue Dimension des «autonomen» Umganges wird vom Kind aber auch auf die es umgebenden Dinge ausgedehnt; es tritt das «heftige Bedürfnis (auf), mit Willen fallenzulassen und wegzuwerfen und das Festhalten und Loslassen abwechselnd zu üben».[30] Wo dem Kleinkind dieses Erproben verwehrt und wo es zum Objekt einer Sauberkeitsdressur wird, kann das Kind diese Autonomie nicht gewinnen. «Aus dem unausweichlichen Gefühl, die Herrschaft über sich selbst verloren zu haben und einer übermäßigen Beherrschung durch die Eltern unterworfen zu sein, entspringt ein fortdauernder Hang zu *Scham und Zweifel*.»[31]
Diese Fehlentwicklung führt im sogenannten Spielalter dazu, daß das Kind, statt im Erproben der eigenen Möglichkeiten *Initiative* zu entwickeln, eine pathologische Form des «frühreifen Gewissens» entwickelt und, statt sich willentlich Dinge anzueignen, alle seine Antriebe gegen sich selbst richtet. Zwar erfährt das Kind auch in der durch das Vertrauen zu den Eltern gesicherten Beziehung eine erste Wertorientierung, so daß auch in der «normalen» und gesunden Entwicklung das erwachende Gewissen zum «Regent der Initiative» wird. Der gravierende Unterschied liegt aber darin, daß in der gesunden Entwicklung das Gewissen erstmals die Initiative orientiert, die Autonomie auf ein Ziel ausrichtet, das nicht allein von außen aufgezwungen ist, sondern im Kind selbst gefühlt wird. Die Grundlage für diese frühe Gewissensbildung ist nach Erikson die Bereitschaft des Kindes, «groß» zu werden in dem Sinne, daß es an der Macht, besonders aber an den Pflichten und Leistungen anderer teilhaben möchte. Aus diesem Grunde ahmt es das Verhalten anderer nach (Imitationslernen) und kann sich zunehmend mit den es interessierenden Personen identifizieren. Die konkrete Zuweisung überschaubarer Verantwortung stärkt die Orientierung des Kindes an einer Aufgabe, lenkt die Führung des Gewissens in bestärkende Bahnen und fördert somit letztlich das heranwachsende Ich.
Erikson kennzeichnet diese Entwicklungs-«Phase» ebenfalls als den Beginn des Selbst-Bildes, wenn er vom Sinn, den die Persönlichkeit für das Kind hat, sagt: «Ich bin, was ich mir zu werden

[30] Ebd. S. 76.
[31] E. H. Erikson, Jugend und Krise. Die Psychodynamik im sozialen Wandel, Stuttgart 1970, S. 111.

vorstellen kann».[32] In der Fehlentwicklung dagegen hatten schon die Forderungen der Außen-Instanzen die keimende Autonomie geschwächt, so daß sich das Gewissen nur als ein despotisches, die Impulse des Selbst unterdrückendes Gewissen entwickelt hat. Die daraus erwachsenden übermäßigen *Schuldgefühle* verhindern, daß das Kind in seine eigene Entscheidungsfreiheit hineinwächst. (Es bleibt dem Kind nur die aggressive Problembewältigung.) Nach Erikson muß daher einer später möglichen radikalen Selbstkritik zunächst die Autonomie und die Orientierung des Selbst in einem leitenden Gewissen vorausgehen, nicht aber eine von Anfang an die Möglichkeiten des Selbst beschränkende Infragestellung.

Die Charakteristik des Schulkindes durch sein *Tätigkeitsgefühl* erinnert stark an die Allports. Auch für Erikson ist jetzt kennzeichnend, daß das Kind erfährt, etwas Richtiges zu machen, etwas mit anderen zu machen und daraus die Bereitschaft zu entwickeln, Verpflichtungen zu übernehmen. Durch neue Identifikationen und durch die Entwicklung neuer Fähigkeiten weitet das Kind bis zur Pubertät sein eigenes Ich aus und gewinnt darin zunehmendes Selbstvertrauen als Voraussetzung für den entscheidenden Entwicklungsabschnitt der Identitätsbildung. Erikson verweist aber auch mit Nachdruck auf die Gefahr dieses Stadiums, die besonders vom Pädagogen erkannt werden sollte: «Die Gefahr dieses Stadiums ist die Entwicklung eines Gefühls von *Unzulänglichkeit und Minderwertigkeit.* Es kann durch unzureichende Lösungen der vorhergehenden Konflikte entstanden sein.»[33] Entweder ist das Kind den neuen Anforderungen noch nicht gewachsen oder die von ihm gehegten Erwartungen werden (z. B. von der Schulwirklichkeit) enttäuscht. Aus beiden kann eine Schwächung des Zutrauens in die eigenen Fähigkeiten erwachsen.

Mit der Pubertät tritt der heranwachsende Mensch in die «entscheidende» Phase seiner Entwicklung ein. Er ist jetzt aufgefordert, sein Leben selbstentscheidend zu gestalten und durch die Realisierung eigener Lebenspläne der Selbstverwirklichung näher zu kommen und sich nicht in dieser entscheidenden Krise zu verlieren.

In der Pubertät sieht der Jugendliche sich mit Umwälzungen im psychosomatischen Bereich konfrontiert, die ihn zugleich vor

[32] E. H. Erikson, Identität und Lebenszyklus, a. a. O., S. 98.
[33] Ebd. S. 103.

neue soziale Probleme stellen, insofern aus seiner sexuellen Reife neue Beziehungsmöglichkeiten gegeben sind, die mit neuen Anforderungen hinsichtlich Schul- und Berufswahl koinzidieren. Dadurch werden viele Identifikationen der Kindheit unbrauchbar, da sie aus einem anderen Aufgabenbereich, aus anderen Interessen heraus vollzogen wurden. Die Pubertät ist aber nicht die Zeit, diese überlebten Identifikationen durch ähnlich außen-bezogene zu ersetzen. Der Pubertierende sucht vielmehr eine Integration der verschiedenen Zielorientierungen als Ausdruck seines eigenen Selbstgefühls, seiner Selbsteinschätzung und seiner Zukunftsperspektiven. Das Gelingen dieser Integration zur *Ich-Identität* – vielleicht sollte man statt Integration besser Transformation sagen, da darin die jetzt *eigene* Zielsetzung besser zum Ausdruck kommt – setzt voraus, daß die Grundlagen dieser Entwicklung in Vertrauen, Autonomie und Initiative in den zurückliegenden Lebensabschnitten nicht zutiefst gestört sind. Wo diese Grundlagen nicht gegeben sind und dem Jugendlichen keine Hilfen zur Überwindung der daraus entstehenden Folgeschäden zuteil geworden sind, kommt es zur *Identitätsdiffusion* bzw. *Identitätsverwirrung.*[34] Sie ist gekennzeichnet durch den Zweifel, ob man den sozialen Anforderungen gerecht werden kann, durch die vergebliche Suche nach einem eigenen Sinn im Feld standardisierter Anforderungen und durch die Unsicherheit angesichts der eigenen Zukunft, die Resignation erzeugt. Viele Jugendliche, die die Möglichkeiten des eigenen Scheiterns ahnen, entwickeln Abwehrverhalten gegen das Gefühl der Identitätsdiffusion, was die Verhaltensweisen des jugendlichen Rebellentums, der pointierten Ausgliederung aus gesellschaftlichem Wohlverhalten und der Erweiterung des Bewußtseins durch Drogen verständlich macht. Solche Jugendliche sind oft verletzlich, unnnahbar, bindungslose und doch fordernde «Persönlichkeiten», deren Verhalten oft das Moment des «ich riskiere Dich» und «ich riskiere mich selber» enthält.[35] Da dieser Einsatz der ganzen Person als genuine Möglichkeit der Adoleszenz gewertet werden muß – dem Kind ist so etwas nicht möglich –, sollten übereifrige Erwachsene nicht vorzeitig mit tödlichem Ernst darauf reagieren. Vielmehr sollte der Erwachsene versuchen, in «propulsiver Identifikation»[36] mit dem

[34] E. H. Erikson, Jugend und Krise, a.a.O., S. 220.
[35] Vgl. ebd. S. 168.
[36] H. Thomae, Konflikt, Entscheidung, Verantwortung, a.a.O., S. 177.

Jugendlichen eine Zukunft zu entwerfen, die dieser als seine *eigene* Zukunft, als Weg zur Lösung seiner Fragen verstehen kann.

Mit der Adoleszenz als einer «normativen Krise», ausgezeichnet durch die Fähigkeit, neue Möglichkeiten zu ergreifen, ist jedoch die Persönlichkeitsentwicklung nicht zum Stillstand, vielmehr erst an ihren eigentlichen Anfang gekommen. Für die weiteren Stadien dieser Entwicklung ist ebenfalls eine Spannung kennzeichnend. Sie stellt sich für das frühe Erwachsenenalter dar als Polarität zwischen *Intimität und Solidarität gegen Isolierung,* setzt sich fort beim Erwachsenen mit der von *schöpferischer Tätigkeit gegen Stagnation,* um im reifen Erwachsenenalter in der *Integrität* ihre Vollendung zu erreichen bzw. in der *Verzweiflung* zu ihrem Scheitern zu gelangen.[37]

Auf dem Hintergrund dieser weiteren Schritte der Persönlichkeitsentwicklung muß die Betonung des Gemeinschaftsaspektes in der Adoleszenz, wie sie von Erikson vorgenommen wird, erweitert werden in die Begründung einer inneren Hoffnung auf eine eigene Zukunft, wie ich sie oben bereits skizziert habe (vgl. S. 53). Wo die emotionale Zuversicht des Kindes, gründend im Urvertrauen und dem Gefühl eigener Möglichkeiten, nicht in die Jugendzeit integriert wird, bleibt die eigene Zukunft nur als abstrakte Möglichkeit, zu der *man* keine wirkliche Beziehung hat. Anfangende existentielle Entscheidung setzt vielmehr auch beim Jugendlichen voraus, daß er weiß, daß seine Pläne für ihn «innerlich möglich» sind.[38]

Vergleicht man im Rückblick die Entwicklungslinien Allports und Eriksons, so fällt auf, daß Allport durch seine starke Betonung des Selbst-Bildes und des propriaten Strebens diesen letzten Aspekt, den er «Linie der Hoffnung» nannte, besonders herausgearbeitet hat. Demgegenüber richtete Erikson sein Hauptaugenmerk auf die Krisenmöglichkeiten und die Dynamik dieser Entwicklung. Da der einzelne Mensch sich aber weder in der zeitlichen Ausdehnung der Entwicklungsschritte noch im Maß der Ausprägung der einzelnen Charakteristika starr in diese Schemata einordnen läßt, muß der Pädagoge, sensibilisiert durch die beiden Autoren, selbst

[37] Vgl. E. H. Erikson, Identität und Lebenszyklus, a. a. O., S. 214f.

[38] H. Thomae, Konflikt, Entscheidung, Verantwortung, a. a. O., S. 124; vgl. auch H. A. Zwergel, Affektbildung im Religionsunterricht als Beitrag zur religiösen Identitätsfindung, in: Katech. Blätter 99 (1974), S. 551.

ein Urteil über den Entwicklungsstand sowie das Ausmaß von Fehlentwicklungen fällen. Beide Modelle können ihm dabei hilfreich sein und eröffnen, insbesondere hinsichtlich der religiösen Erziehung, neue Perspektiven.

4.2.2 Orientierung und Gewissen

Es gibt heute zahlreiche Äußerungen über die Situation der gegenwärtigen Jugendlichen und der Nachkriegsgeneration, die in aller Ernsthaftigkeit das Mißlingen der Identitätsbildung und Persönlichkeitsentwicklung in größerem Umfang belegen. So hat A. Mitscherlich bereits 1950 auf «das Problem der Lieblosigkeit» des heutigen Menschen in der Situation des Kaspar-Hauser hingewiesen und betont, daß es darum geht, «daß der Mensch von allem Anfang an mehr als nur leiblich gesättigt werden muß, daß die Fähigkeiten seiner Anlage durch das Überströmen mitmenschlichen Empfindens erst ihre *geschichtliche* Form gewinnen. Mit anderen Worten, die Versagung, die in jeder Kultur der ursprünglichen Triebhaftigkeit entgegengestellt wird, muß ihren Ausgleich finden in der Gewährung, in dem Herzen des Anderen beheimatet sein zu dürfen.»[39] Ähnlich spricht G. Bally von «einer Generation, die ratlos in eine Welt sinnlos werdender Ordnungen tritt», woraus sich jederzeit «die Stimmung einer absoluten Weltverlorenheit und Ungeborgenheit» entwickeln kann.[40]

Diese Situation ist keineswegs abstrakt, wie psychotherapeutische Erfahrungen J. Scharfenbergs hinsichtlich der Suizid-Problematik, der Beziehungslosigkeit und des fehlenden Selbstbestimmungsvermögens bei vielen Jugendlichen ergeben.[41] Es ist von daher erforderlich, an Hand eines Zentralproblems die Krisen der Entwicklung nochmals durchzugehen, um diese existentiell bedrängende Problematik bewältigen zu können.

[39] A. Mitscherlich, Ödipus und Kaspar Hauser. Tiefenpsychologische Probleme der Gegenwart, in: Der Monat 3 (1950), S. 17.

[40] G. Bally, Ordnung und Ursprünglichkeit, Zuwendung und Ziel, in: A. Sborowitz (Hrsg.). Der leidende Mensch. Personale Psychotherapie in anthropologischer Sicht, (Wege der Forschung 10), Darmstadt 1969, S. 29f.

[41] J. Scharfenberg, Religion zwischen Wahn und Wirklichkeit. Gesammelte Beiträge zur Korrelation von Psychoanalyse und Theologie, (Konkretionen 13), Hamburg 1972, S. 46.

Die Bedeutung von Vorbildern

In der «Entwicklungspsychologie» von L. Schenk-Danzinger wird das Stichwort «Vorbilder» nach der Tradition der deutschen Jugendpsychologie, die uns oben schon bei Frisch/Hetzer begegnet ist, im Abschnitt «Jugendalter» diskutiert.[42] Unsere bisherigen Überlegungen haben aber gezeigt, daß Vorbildübernahme gerade nicht ein Hauptproblem des Jugendalters ist und daß die Wurzeln der heutigen Desorientierung des Menschen in der Situation des Kaspar-Hauser tiefer liegen und bis in die früheste Kindheit hinabreichen.

R. Spitz, der die frühkindliche Entwicklung intensiv untersucht hat, bemerkt im Zusammenhang dieser Problematik der frühen Kindheit, daß die ersten Versagungserfahrungen des Kindes bei der Einschränkung seines eigenen Wollens zeitlebens seine Beziehungsfähigkeit beeinflussen. Das Kind stößt in seinem noch ungerichteten Wollen auf den Willen der Mutter und wird dabei auf die Grenzen seines Wollens verwiesen, woraus sich eine erste Abgrenzung des keimenden Selbst aber nur dann ergibt, wenn das Kind zuvor das genannte Ur-Vertrauen erworben hat.[43] Diese Beziehung befähigt das Kind zu nachahmendem Verhalten im Interesse der Beziehungssicherung. Dieser Versuch mißlingt aber dort, wo dieses Vertrauen nicht gegeben ist: Das Kind erfährt in der Versagung nicht eine Grenze seines Selbst, vielmehr wird, wie bei Erikson gezeigt, das Maß der Unsicherheit noch vertieft und Beziehungsunfähigkeit ist die Folge. Damit erweist sich das Ur-Vertrauen als die Quelle für Beziehungs- und Orientierungsfähigkeit des Menschen. Ohne diese Grundlage entwickelt sich kein Selbst, insofern sich ohne die Übernahme von Vorbildern bzw. Wertkonzepten kein Selbstbild aufbaut und damit Selbstbestimmung nicht vorbereitet wird.

Orientierung und Vorbildübernahme sind damit eine kognitive Fähigkeit des Menschen auf emotionaler Grundlage. Die tiefenpsychologische Analyse dieses Prozesses am Beispiel des Ödipuskonfliktes zeigt aber eine weitere, auch für die Religiosität des Menschen bedeutsame Problematik. Die Nachahmung der Eltern und die sich strukturierende Rolle des Selbst (hier als eines Sexualwesens) führt beim Kind nach S. Freud zum Wunsch, den

[42] Vgl. L. Schenk-Danzinger, Entwicklungspsychologie, a.a.O., S. 251.
[43] Vgl. R. Spitz, Das Selbst und das Ich, a.a.O., S. 262.

gegengeschlechtlichen Elternteil zu haben und wie der gleichgeschlechtliche zu sein. Diese widerstreitenden Gefühle werden vom Kind schließlich so überwunden, daß es den Wunsch des Habens zurückstellt und die gewachsene Beziehung aus der Kindheit durch Identifikation mit einem Elternteil rettet. Die Bedeutung dieser Identifikation wird wiederum deutlich, wenn man beachtet, daß der Ödipuskonflikt viel von seiner auch konstruktiven Problematik in der Situation grundlegender Beziehungslosigkeit verloren hat. Die Fähigkeit, sich selbst zu beschränken, auf Besitzansprüche zu verzichten und Gestaltungswillen zu zeigen, setzt somit Beziehungen voraus. Nur auf der Grundlage dieser Beziehungen bildet sich das heraus, was Freud Über-Ich nennt und die Grundlage des Gewissens bildet.[44]

Bei Freud hat dieses Über-Ich jedoch nur einschränkenden Charakter: Das Über-Ich ist Repräsentant der Forderungen der Außenwelt und unterdrückt die Strebungen des Es und stört die Verhaltensversuche des Ich. Im Zuge einer repressionsfreien Erziehung hat man daher versucht, überhaupt auf Über-Ich-oder Gewissensbildung zu verzichten. Hinsichtlich der repressiven Tendenz des Über-Ichs im Recht hat man dabei aber übersehen, daß die Identifikation mit den Eltern, die Übernahme von Vorbildern und damit das Über-Ich für die Entwicklung eines Selbst-Bildes unaufgebbare Bedeutung besitzen. Wer die schwere Aufgabe der Selbstwerdung, des Erwerbs einer eigenen Identität und eigener Wertvorstellungen bewältigen will, braucht einen auch normativen Bezugsrahmen, «sei es, um sich darauf einzurichten, sei es, um sich abstoßen zu können»;[45] nur so kann er in seine eigene Sinnfähigkeit hineinwachsen. Vorbildübernahme und Über-Ich bereiten somit die intentionale Verhaltensänderung vor, und Gewissen ist mehr als nur terroristische Forderung. In ihm vollzieht sich der entscheidende Schritt in der Entwicklung eines Selbst-Bildes, daß nämlich Vorbilder nicht mehr bloß äußere Ideale und Anforderungen sind, sondern zur eigenen *inneren* Forderung an das Ich geworden sind.

44 Vgl. S. Freud, Der Untergang des Ödipuskomplexes (1924), Ges. Werke XIII, S. 393–402.

45 A. und M. Mitscherlich, Die Unfähigkeit zu trauern, a. a. O., S. 232.

Wenn sich eine Erziehung nicht der Aufgabe der Vermittlung von Wertbildern stellt und somit im ureigensten Sinne Gewissensbildung fördert, in der sich das Kind dessen «gewiß» ist, was für es von Bedeutung ist, durchkreuzt sie selbst den Weg des Menschen zur Eigenverantwortlichkeit. Nur über eine Sensibilisierung für schuldhaftes Verhalten und über die Wahrnehmung normativer Anforderungen kann einer völligen Abhängigkeit von Außen-Lenkung begegnet werden. Gewissensbildung zu umgehen, ist damit gleichbedeutend mit der Vertiefung von Anpassungstendenzen, insofern das Selbst als der Ort von Gestaltungswillen und Widerstand in seiner Entwicklung geschwächt wird. Gewissensbildung durch Identifikationsangebote wird damit auch zu einer Forderung an eine emanzipatorische Erziehung. Ohne die Identifikationsangebote in der Vorpubertät wird schließlich die Identitätsbildung mißlingen, insofern die Sensibilität für die eigene Verantwortung und das Vertrauen in ihre Verwirklichung nicht gewachsen sind. Statt dessen entwickelt der Heranwachsende Angst als Zeichen seiner Selbstbedrohung.[46]

Diese Angst behindert die Entwicklung und Entfaltung der eigenen Möglichkeiten, insofern der Heranwachsende dazu tendiert, dieser Angst auszuweichen, wenn er die Bedrohung des Selbst durch Beziehungslosigkeit und Orientierungsschwäche nicht ertragen kann. Er fällt auf eine frühere Entwicklungsstufe zurück; der Pubertierende kann vor der eigenen Verantwortung flüchten und sich in die Abhängigkeit von Außenlenkungen begeben, die ihn selbst entlasten. Mit Regression und Fixierung ist aber die innere Dynamik der Entwicklung blockiert. Der Weg zur Angstüberwindung und zur Verantwortung kann daher nur über eine Stärkung des Selbstbildes im Spannungsfeld «Beziehung und Bestimmung» erfolgen.

Mit diesem Spannungsfeld stoßen wir auf eine Problematik des Pubertierenden, die sich bis in die Zeit des reifen Erwachsenenalters hinein fortsetzt: Wer krampfhaft etwas festhalten will, begrenzt sich selbst; im Loslassen und Freisetzen, im Betreten eines «Neuen Landes» vielmehr erwirbt sich der Erwachsene seinen Sinn. Dies setzt aber Orientierung, Vertrauen und Hoffnung voraus, so daß der Exodus in seiner radikaleren Form keine Möglich-

[46] Vgl. Th. M. Newcomb, Sozialpsychologie, Meisenheim/Glan 1959, S. 283.

keit des Kindes ist, auch wenn es schon in diese Spannung hineingenommen ist.
Therapeutische Erfahrungen mit Kranken, die Verantwortung übernommen und dadurch wieder ihren Sinn gefunden haben, haben V. E. Frankl dazu geführt, der Verantwortlichkeit des Menschen besondere Aufmerksamkeit zu schenken. Dabei zeigt sich ihm, daß sich mit dem «Aufgabencharakter» des Lebens zugleich dessen «Antwortcharakter» ergibt: Nicht der Mensch hat für ihn die Frage nach dem Sinn des Lebens zu stellen; es ist vielmehr umgekehrt, daß der Mensch selbst der Befragte ist. «Nur im Handeln lassen sich die ‹Lebens-Fragen› wahrhaft beantworten – ihre Beantwortung erfolgt in der Ver-antwortung je unseres Daseins. Ja, ‹unser› ist das Dasein überhaupt nur, soweit es verantwortetes Dasein ist.»[47] Frankl fordert daher in einem Zeitalter des Sinnlosigkeitsgefühls mit Recht, daß die Erziehung nicht nur Wissen zu vermitteln, sondern besonders das Gewissen zu verfeinern hat, «so daß der Mensch hellhörig genug ist, um die jeder einzelnen Situation innewohnende Forderung herauszuhören».[48]
Wenn Frankl das Phänomen des Gewissens als Ausdruck des Verantwortunghabens nicht als rein immanentes seelisches Phänomen betrachtet, sondern mit einem transzendenten Ganzen verbunden sieht – daraus ergibt sich letztlich seine religiöse Deutung des Gewissens –, dann kennzeichnet er auf einer umfassenderen Ebene des Geistes jene Ambivalenz, die uns früher schon begegnet ist und für die religiöse Problematik kennzeichnend wird: Wer den «festen Boden» unter den Füßen nicht verlieren will, kann sich diesem Umfassenden nicht ausliefern. Umgekehrt, möchte ich sagen, kann sich auch nur der loslassen, der sich wirklich hat. Es ist die Spannung zwischen Selbstwerdung und gläubiger Hingabe, an die die Psychologie heranreicht, ohne sie ausschöpfen zu können.

4.3 Religiosität und die Kritik S. Freuds

Seine Identität zu finden, ist zuallererst ein Problem von Beziehung und Bestimmung. In diesem Spannungsfeld kann die religiöse Sinngebung zu einer wesentlichen Bereicherung des Selbst-

[47] V. E. Frankl, Der unbewußte Gott, a. a. O., S. 14.
[48] Ebd. S. 88.

bildes und der Fähigkeit zur Selbstbestimmung führen. Sie begründet Vertrauen und Hoffnung in die eigene Zukunft und ermöglicht, in ihrer Sinndimension neue Aspekte der menschlichen Existenz freizulegen und damit faktische Zwänge zu überwinden.
Bevor dieser Prozeß näher entfaltet wird, ist jedoch eine Auseinandersetzung mit einigen Einsichten der Tiefenpsychologie unumgänglich. Diese hat uns sehen gelehrt, daß die Prozesse der Ich-Entwicklung und auch religiöses Verhalten nicht nur Ausdruck einer kognitiven und bewußten Steuerung sind. Es sind vielmehr gerade im Zusammenhang der als bedeutungsvoll erkannten Vorgänge der Identifikation und Vorbildübernahme unbewußte Motive wirksam. Diese gilt es in ihrem Stellenwert einzuschätzen, damit das religionspädagogische Ziel, religiöse Selbstverwirklichung zu ermöglichen, nicht durch unbewußte Einflüsse in Frage gestellt wird oder durch die Vertiefung von Abhängigkeit und Unmündigkeit in sein Gegenteil pervertiert.
Es empfiehlt sich, die Problematik unbewußter Motivation an S.Freuds Religionskritik aufzuweisen. Damit kann erreicht werden, daß von der Tiefenpsychologie aufgedeckte unreife religiöse Verhaltensversuche erkannt werden, daß aber auch der Stellenwert der Kritik Freuds als eines zentralen Einwandes gegen die Religion im Kontext seines ganzen theoretischen Systems gesichert wird.
Das Phänomen der Religiosität erschließt sich Freud zunächst aus der klinischen Erfahrung. Das Zeremoniell von Zwangsneurotikern legt ihm den Vergleich zu den Religionsübungen nahe. Zwangshandlungen von Neurotikern dienen der Abwehr bedrängender Mächte, sind Schutzmaßnahmen gegen bedrohende Triebregungen, ohne daß dabei dem Kranken der Sinn dieser Verhaltensweisen bewußt ist. Freud stellt bei den Religionsübungen eine ähnlich genaue Beachtung ritueller Vorschriften sowie die sich aus deren Verletzung ergebenden Schuldgefühle fest. Das peinlich exakte Einhalten ritueller religiöser Formen deutet nach Freud auf dahinterstehende Ängste und Bedrohungen hin, die es in einem dem magischen Abwehrzauber ähnlichen Verhalten abzuwehren gilt. Sowohl im Falle des Zwangskranken wie des religiösen Menschen ist das Ich diesen Ängsten nicht gewachsen; es ist nicht stark genug, die Konflikte zu überwinden, und muß daher die beängstigenden Regungen verdrängen, ohne daß damit allerdings deren Wirksamkeit aufgehoben wäre. Unbewußt

versucht sich der Zwangskranke durch seine Zwangshandlungen gegen diese Einflüsse zu schützen, während der religiöse Mensch in der kollektiv akzeptierten Form der Religion ähnliche Abwehrformen entwickelt, ohne dabei allerdings individuell neurotisch zu werden. Freud glaubt daher, die Gleichung aufstellen zu können: Religion ist das Äquivalent einer universellen Zwangsneurose, die Zwangsneurose ist das Zerrbild einer Privatreligion.[49] Im Vergleich der Religion mit einem Massenwahn deutet Freud schließlich darauf hin, daß Religion auch das Bild der Realität wahnhaft entstellt.[50]

Aus dieser ersten Stufe der Religionskritik ergibt sich, daß Freud sich nur auf die Religion in ihrer ritualisierten Form bezieht. Tatsächlich zu beobachtende Anklänge an magischen Beschwörungszauber lassen es angebracht erscheinen, den Gedanken unbewußter Motivation zur Angstabwehr und Überdeckung der eigenen Schwäche zu akzeptieren. Mit diesem Blick auf ein geschwächtes Ich und eine nur ritualisierte Form von Religion ist aber noch keineswegs das Gesamtphänomen Religion zufriedenstellend erklärt.

Die Frage nach den Ursachen unbewußt motivierten religiösen Verhaltens ist es, die Freud zu weiterer Beschäftigung mit der religiösen Problematik führt und ihm im Vergleich von Individual- und Menschheitsentwicklung folgende Annahme nahelegt: In der Religiosität kommt die zwanghafte Wiederkehr längst vergessener Vorgänge aus den Anfängen der Entwicklung zum Ausdruck. Für das Kind gilt es, sich in einer Welt der Bedrohung an die bergende und schützende Macht des Vaters zu erinnern; für die Menschheit insgesamt ist Religion Ausdruck für die Erinnerung an den von Freud angenommenen Urvater der Menschheit, den man zuerst bewundert, dann aus Haß erschlagen, schließlich aber aus nachträglichem Gehorsam und Rechtfertigung zu einem göttlichen Vater erhöht habe.[51] Dieses Anknüpfen an bergende Mächte der frühen Entwicklung soll die Tatsache, die sich aus der von uns erkannten Bedeutung des Beziehungsmomentes für die Ich-Bildung und Religiosität auch ergeben hat, erklären, daß

[49] Vgl. S. Freud, Zwangshandlungen und Religionsübungen, Ges. Werke VII, S. 132, 139.

[50] Vgl. S. Freud, Das Unbehagen in der Kultur, Ges. Werke XIV, S. 443f.

[51] Vgl. S. Freud, Totem und Tabu, Ges. Werke IX, S. 122ff.: Die infantile Wiederkehr des Totemismus.

nämlich der Anteil des Vaterbildes am Gottesbild ein nicht wegzudiskutierender Faktor ist. Entscheidend ist aber auch hier wieder, daß Freud glaubt, zumindest aus der Sicht der Tiefenpsychologie alle Faktoren beachtet zu haben. Dabei übersieht er, daß das in der Analyse erfaßte schwache Ich keinesfalls, wie K. Horney mit Nachdruck feststellt, verallgemeinert werden kann.[52] Für das schwache Ich trifft zwar zu, daß es durch die wunschgeleitete Beziehung zum erhöhten Vater sich selbst von der Auseinandersetzung mit der Realität entlasten möchte. Es muß aber gefragt werden, ob Religion nur als Flucht in die Projektion, als Abwehr von Realität betrachtet werden kann.

Wenn Freud vom illusionären Charakter der Religion spricht, entfaltet er einen Zusammenhang, der uns der Beantwortung dieser Frage näher bringt. Religion entspringt Wünschen nach Geborgenheit und Sicherheit und tendiert auch zur Aufrechterhaltung einer vermeintlichen frühkindlichen Allmacht. Sie steht damit im Widerspruch zu den «Niederschlägen der Erfahrung» und den «Endresultaten des Denkens».[53] In ihr soll die Realität mittels einer Wunschwelt bewältigt werden. Freud sieht in diesem Wünschen zunächst allein einen regressiven Zug, entsprechend auch einen regressiven Charakter der Religion und fordert, daß ähnlich der Unerbittlichkeit eines Entwicklungs- und Wachstumsvorgangs die religiöse Weltanschauung durch eine wissenschaftliche abgelöst werde.[54]

Was bringt aber diese wissenschaftliche Weltsicht dem Menschen? Sie zeigt die selbstbeschränkte Stellung des Menschen, der sich damit abfindet, nur ein unbedeutender Teil im Räderwerk der Natur zu sein. Er kann nur das realisieren, was die Natur außer ihm gestattet. Dadurch, daß der wissenschaftliche Mensch seine religiösen Erwartungen vom Jenseits abzieht und alle freiwerdenden Kräfte auf das irdische Leben konzentriert, «wird er wahrscheinlich erreichen, daß das Leben für alle erträglicher wird und die Kultur keinen mehr erdrückt.»[55] Angesichts des «Streits der Giganten», von Eros und Todestrieb, bescheidet sich der Mensch mit seiner Kleinheit und resigniert.[56]

[52] Vgl. K. Horney, Neue Wege in der Psychoanalyse, S. 154f.
[53] S. Freud, Die Zukunft einer Illusion, Ges. Werke XIV, S. 353.
[54] Vgl. S. Freud, Totem und Tabu, Ges. Werke IX, S. 96.
[55] S. Freud, Die Zukunft einer Illusion, Ges. Werke XIV, S. 380.
[56] Vgl. S. Freud, Das Unbehagen in der Kultur, Ges. Werke XIV, S. 481.

Diese Resignation ist Ausdruck der sogenannten wissenschaftlichen Weltanschauung und geht einher mit der Auffassung Freuds vom Ich als einer lediglich verschiedene Ansprüche ausgleichenden Instanz. Das Ich kennt keine eigenen Wertungen und ist vor allem von dem ausgeklammert, was im Anschluß an Bloch die Kategorie Möglichkeit genannt werden kann.[57] Diese Schwäche des Ichs als eines armen Dinges zu überwinden, hat H. Hartmann die antizipatorische, Zukunft vorwegnehmende und wertende Funktion als eine der wesentlichen Charakteristika des Ich hervorgehoben und damit der neofreudianischen Ich-Psychologie den Boden bereitet.[58] Da Freud dem Ich im Kontext seiner triebtheoretischen Erwägungen eine solche Funktion, die auch den Hoffnungsaspekt und Widerstand gegen Zwänge enthält, nicht zuschreibt, kann er Wünsche, die dem Menschen neue Möglichkeiten erschließen sollen, nur als Flucht in längst überwunden geglaubte Entwicklungsstadien interpretieren. Die resignierende Haltung ist somit Ausdruck einer im Bereich der Theorie nicht bewältigten Problematik menschlicher Gestaltungsfähigkeit von Zukunft und Realität.
Diese theoretische Schwäche, das Ausklammern menschlicher Gestaltungskraft auch durch prospektive Wünsche, bestimmen denn auch Freuds Interpretation der Religion: Sie ist Ausdruck rückwärts orientierter Wünsche, Sehnsucht nach infantiler Geborgenheit, ist Flucht vor der Realität. Religion fixiert den Menschen daher nach Freud in seiner Unreife, führt zu Denkhemmungen und zieht entscheidende Energien von der Zuwendung zur Realität ab, ohne daß damit ein dauerhafter Gewinn verbunden wäre. Letztlich gehen nach Freud Religion und Realitätszuwendung in zwei gegensätzliche Richtungen. Daß er auch damit nur ein Zerrbild von Religion kritisiert, wird gerade im Kontext einer Religion deutlich, die sich im Rekurs auf ihre neutestamentlichen Quellen durchaus ihres gesellschaftlichen Auftrages besinnt.
Ein Überblick über die Argumentation Freuds zeigt, daß seine Religionskritik theoriegeleitet ist und somit mit all den Vorurteilen und Vorverständnissen dieser Theorie belastet ist, angefangen bei der Einschätzung der Realität bis zur Interpretation des menschlichen Lebens als Szene für den Kampf der Naturnotwendigkeiten.

[57] Vgl. E. Bloch, Das antizipierende Bewußtsein (ed suhrkamp) = 2. Teil von «Das Prinzip Hoffnung», Frankfurt/M. 1972, S. 216ff.
[58] Vgl. H. Hartmann, Ich-Psychologie und Anpassungsproblem, a.a.O., S. 36ff.

Religion kann nur so weit verstanden werden, als es die theoretischen Annahmen gestatten, ungeachtet dessen, ob damit nicht doch einige wesentliche Aspekte verloren gehen. (Freud merkt zwar verschiedentlich an, daß seine tiefenpsychologische Analyse gewiß nicht das ganze Phänomen der Religion erfaßt; er zeigt aber der Tendenz der Argumente nach, daß er keineswegs diese Selbstbeschränkung durchhalten will.) So erhalten die frühen Kindheitserlebnisse jene überragende Bedeutung, die ein Verständnis von intentionaler Verhaltenssteuerung verhindern. Demgegenüber muß aber festgehalten werden, daß sich der Mensch nicht nur unbewußt, sondern auch bewußt verhält, daß sein Leben nicht nur Erlebnisse der frühen Kindheit spiegelt, sondern auch den Versuch aktueller Selbstgestaltung darstellt. Das Ich kann nicht nur den Forderungen der Außenwelt mit anpassendem Verhalten begegnen, es kann vielmehr gestaltenden Widerstand entfalten. Das Ich ist damit nicht generell schwach und neurotisch, ist nicht nur regressiv, sondern kann Ich-Stärke und Gestaltungswillen zeigen. Damit ergibt sich auch für die Interpretation der Religion, daß die tatsächlich sich findenden unreifen Verhaltensformen keineswegs Religion erschöpfen. Religion kann genauso Zwänge der Realität aufdecken und Kräfte zu deren Überwindung freimachen; sie kann gegen den «Terror der Fakten»[59] Hoffnung moblisieren und zieht darin gerade nicht Energie von der Realität ab, sondern ermöglicht einen realitätsbezogenen Gestaltungswillen, der eine echte Alternative zur Resignation darstellt.

Um gegenüber dem Theoretiker auch dem Menschen Freud gerecht zu werden, muß darauf hingewiesen werden, daß er außerhalb seiner explizit theoretischen Überlegungen dem Menschen durchaus diese zuletzt genannten Fähigkeiten zuspricht. So hebt er selbst hervor, daß der Mensch zur Verteidigung gegen die Außenwelt drei Möglichkeiten besitzt: Man kann eine Art Abwendung versuchen, was allerdings zur Neurose führt. Besser sei es, mit Hilfe von Wissenschaft und Technik zum Angriff auf die Natur überzugehen und sie dem menschlichen Willen zu unterwerfen. Dieser Möglichkeit gegenüber, die jetzt bereits eine gestaltende Macht des Menschen anerkennt, gibt es aber noch eine

[59] Vgl. den «Entwurf» der gemeinsamen Synode der Bistümer der Bundesrepublik Deutschland zum Religionsunterricht, in: Synode Heft 5/1973, S. 7 («Der Religionsunterricht in der Schule»); vgl. auch unten Anm. 64.

dritte, entscheidend menschliche: «Jene Richtung des Lebens, welche die Liebe zum Mittelpunkt hat.»[60] Freud hebt damit, wie J. Scharfenberg bemerkt, die auf den Wert der Liebe gegründete Daseinstechnik über die anderen Formen hinaus.[61]
Damit hat der Mensch Freud jene Enge eines naturwissenschaftlich konzipierten Menschenbildes überwunden, auch wenn es seine persönliche unbewußte Problematik nicht erlaubt, den Gedanken der Religionskritik neu aufzugreifen und im Rahmen der Möglichkeiten der Liebe erneut zu bedenken. Führen wir den Gedanken Freuds weiter, dann muß Religion nicht Ausdruck der Unreife sein, sie kann vielmehr gegen die Resignation das Potential bewußt gestaltender Liebe freisetzen. In der Religion kann sich damit das aussprechen, was wir mit P. Ricœur formulieren: «Doch tiefer noch ist die Freiheit *im Licht* der Hoffnung eine Freiheit, die sich *dennoch* setzt, trotz des Todes, und die sich, allen Zeichen des Todes zum Trotz, als Widerruf dieses Todes verstehen will.» Ricœur vertieft aber diese Einsicht noch in die religiöse Dimension, wenn er fortfährt, daß die Kategorie des «dennoch» eigentlich die Kehrseite jener «Perspektive der Bereicherung» ist, «die sich in dem berühmten *um wieviel mehr* des Paulus ausdrückt. Diese Kategorie, die noch grundlegendere Bedeutung hat als das ‹dennoch›, umfaßt das, was man die Logik der Überfülle, die eine Logik der Hoffnung ist, nennen kann.»[62] Da dieses «um wieviel mehr» eine sich ihrer neutestamentlichen Grundlage besinnende christliche Religion zu erschließen vermag, muß Religion in ihrer kritischen Funktion gegen den Realitätsdruck auch in einer wissenschaftlich orientierten Welt präsent bleiben. Es gilt, die restriktive, nach rückwärts gerichtete Sicht des Theoretikers Freud aus der Fixierung auf den Konflikt herauszulösen und in die Sicht des Glaubens umzuformen, den Menschen unter der «Verkündigung des kommenden Gottes» *wohlwollend* in den Blick zu nehmen.[63] In Begriffen der Ich-Entwicklung gesprochen: Religiosität darf nicht mehr Über-Ich-bezogen, sondern muß Selbst-Bild-bezogen sein. Im Streben nach Selbstverwirklichung kann sie dem Menschen helfen, Resignation und Verzweiflung zu überwinden.

60 S. Freud, Das Unbehagen in der Kultur, Ges. Werke XIV, S. 441.
61 Vgl. J. Scharfenberg, Religion zwischen Wahn und Wirklichkeit, a. a. O., S. 89.
62 P. Ricœur, Hermeneutik und Psychoanalyse. Der Konflikt der Interpretation II, München 1974, S. 280.
63 Ebd. S. 282f.

Diese letztere Behauptung soll zur Vorbereitung der Gedanken des nächsten Kapitels an zwei Beispielen pädagogisch vertieft werden: Freud kennzeichnete die Religion dadurch, daß sie «allen in gleicher Weise» den Weg zum Glückserwerb aufdränge. «Aufdrängen» ist dabei gleichbedeutend mit unterdrückender Über-Ich-Beziehung. Setzt man in dieser Analyse Freuds für «Religion» «gegenwärtige westliche Gesellschaft» ein, so überrascht, daß die freudsche Analyse nichts an Aktualität verloren hat: Durch Leistungsdruck, Konsumverhalten und Betonung von Außenbeziehungen gegen Tradition, Glauben und Sinnbezüge in vielen gesellschaftlichen Bereichen wird auch dem gegenwärtigen Menschen «in gleicher Weise» sein Lebensstil aufgedrängt. Nur Persönlichkeiten, die in ihrer Entwicklung jene Reife im oben dargelegten Sinne erworben haben, vermögen sich diesem Druck zu entziehen. Den übrigen Mitmenschen und besonders Kindern und Jugendlichen gegenüber haben viele Züge unserer Gesellschaft und analog ihres Bildungswesens jene skizzierte repressive Tendenz und sind Über-Ich-bezogen. Die Vorlage «Der Religionsunterricht in der Schule» der gemeinsamen Synode der Bistümer in der BRD sprach hier, die Situation richtig interpretierend, vom «Terror der Fakten», gegen den Hoffnung mobilisiert werden müsse.[64]

Die skizzierte gesellschaftliche und pädagogische Situation kann am Detail belegt werden: J. von Hänisch hat nach L. Rosenkötter in einem Beitrag «Tiefenpsychologische Aspekte der Tarzanfigur» darauf hingewiesen, daß diese literarische Produktion sehr geschickt an Bedürfnisse bei Kindern, die in ihrer sozialen Situation gestört sind, anknüpft. «Tarzan hat manche Züge mythischer Helden: Von hoher Abkunft, wurde er von Fremden als Findling auf- gezogen ebenso wie Perseus, Ödipus, Moses, Romulus und Remus und viele andere. Tarzan beschützt seine Affen-

[64] Synode 5/73: «Der Religionsunterricht in der Schule.» Diese Formulierung ist im «Beschluß» der Synode (vgl. Synode 1/75, S.94) verändert. Daß dabei die Formulierung der Vorlage ihres Pathos entkleidet wurde, ist positiv zu werten. Leider ist mit der Aussage «Der Mensch wird befähigt, seine Begrenztheit wahrzunehmen und sie auszuhalten. Zugleich wird ihm Hoffnung geschenkt, die über den Bereich des Machbaren hinaus Möglichkeiten eröffnet» (l.c.) aber auch eine nicht unwesentliche Verkürzung der Aussage in Kauf genommen: Es wird jetzt nicht mehr so deutlich, daß der Mensch gegen die Verdinglichung und Technisierung, wie sie im «Terror der Fakten» angedeutet war, auch selbst etwas tun kann, wenn er sich seiner Zukunft im Angesicht eines guten Gottes gewiß ist.

mutter, indem er seinen brutal-aggressiven Affenvater erschlägt.»[65]
Über Rosenkötter hinaus kann die starke Identifikation dieser sozial gestörten Jugendlichen aus dem bisher erarbeiteten Gedanken noch tiefer analysiert werden: Die Störung der Heimkinder hat ihre Grundlage in der gestörten Mutterbeziehung des Urvertrauens. Daraus ergibt sich die Identifikationsschwäche. Die Ich-Entwicklung nach vorn, deren Sinnbild die Orientierung am Vater ist, ist gestört.[66] Von daher kommt das «Vorbild» Tarzan dem Bedürfnis nach Geborgenheit entgegen und fördert eine lebensgeschichtlich rückwärts orientierte Identifikation, die letztlich aber nicht heilen kann: Sie verstärkt die aggressiven Konflikte der gestörten Kinder! Rosenkötter zieht daher mit von Hänisch eine Konsequenz für die Tarzan-Produktion, die pädagogisch höchst bedeutsam ist: «Insofern wird diese Gestalt als industriell gefertigter und dem Profit dienender Pseudoheld angeboten, der die Kinder fasziniert, ihnen aber auf dem Weg zu einer echten Reifung doch nicht helfen kann.»[67] Ähnliches gilt für andere Comics, die in super-man-Manier Allmachtsphantasien der Kinder bestärken und sie somit auf einer infantilen Entwicklungsstufe orientieren, wenn nicht gar fixieren.
Auf diese Mechanismen der Abhängigkeit in unserer Gesellschaft hinzuweisen und zu deren Überwindung das Potential der Religiosität einzusetzen, wäre vor ein paar Jahrzehnten noch illegitim gewesen, befand sich doch das Selbstverständnis von Religionen und Pädagogiken durchaus noch in der kritisierten Situation. Heute allerdings ist durch die Bedrängnis der gegenwärtigen Probleme des Menschen auch die Religionspädagogik reif geworden, ohne repressive Tendenz ihr kritisches Potential einzubringen. Die gesamten Überlegungen dieses Kapitels haben dabei deutlich gemacht, daß ein solches Unterfangen keineswegs abstrakt gelingen kann, sondern konkreter Orientierung und Verantwortung bedarf.

[65] L. Rosenkötter, Besprechung von «I. von Hänisch, Tiefenpsychologische Aspekte der Tarzanfigur» (Analytische Psychologie 5 (1974), S. 122–134), in: Psyche 29 (1975), S. 286.
[66] Vgl. A. Vergote, Religionspsychologie, a. a. O., S. 238.
[67] Vgl. L. Rosenkötter, a. a. O., S. 286.

4.4 Zusammenfassung und religionspädagogische Orientierung

Rückblickend ergeben sich aus den bisherigen Überlegungen dieser Arbeit wichtige Ansätze einer Integration besonders von Kapitel (2) und (4). Die skizzierten Lern- und Motivationsprozesse sind jetzt konkret in die Persönlichkeitsentwicklung eingebunden; die Persönlichkeitsentwicklung selbst ist Ausdruck für die zunehmende Gliederung und Gestaltung dieser Prozesse in einer lebensgeschichtlich gewordenen Einheit. Imitations- und Identifikationslernen sind für die Kindheit die früheste Form der Orientierung und gründen in der gelungenen Zuwendung der Mutter zum Kind. Subsidiationslernen findet dagegen seinen Ausdruck in der Ausweitung des eigenen Sinnes und der Vervollkommnung des Selbst-Bildes.

Durch die Unterscheidung von Mangel- und Wachstumsmotivation kann schließlich die Einstellungsbildung mit der Persönlichkeitsentwicklung verknüpft werden, insofern jetzt deutlich wird, wie aus verschiedenen Einstellungen und Einstellungsbündeln in der Orientierung durch das Selbst eine neue Gliederung herbeigeführt wird. Die fundamentale emotionale Komponente der Einstellungen ergibt sich im Rahmen der Persönlichkeitsentwicklung nicht nur aus der Bedürfnisbefriedigung im Sinne der Spannungsreduzierung, sondern erwächst aus den Chancen und Bedürfnissen der einzelnen Stadien der Persönlichkeitsentwicklung: Was die Persönlichkeitsentwicklung voranbringt, wird emotional positiv bewertet, während Hindernissen durch die Entwicklung von Abwehrmechanismen bzw. von Fehlformen begegnet wird.

So ist für das Kleinkind von Bedeutung, was dem Kontakt mit der Mutter dient, was seinem Bedürfnis nach Schutz und Sicherheit entspricht. Für das Schulkind der Latenzperiode dagegen ist in einer für sein Alter spezifischen Weise bedeutsam, was der Ausweitung seiner Kompetenz dient und ihm durch Identifikationsmöglichkeiten in seiner Orientierung und Übernahme von erster Verantwortung hilft. Dem Pubertierenden dagegen ist wieder wichtig, was in dieser Weise in der zurückliegenden Entwicklung noch nicht aufgetreten ist: in die Gemeinschaft hineinzuwachsen, dabei aber doch seine eigene Identität darzustellen und selbst gegen die Anforderungen von außen zu sichern. Was ihm dabei hilft, wird emotional positiv bewertet, insbesondere dann, wenn

es seine eigenen Zukunftserwartungen und sein Selbststreben zu unterstützen vermag.
Die Orientierung der Einstellungsbildung an der Persönlichkeitsentwicklung dient somit der Sicherung der Kontinuität der Entwicklung und der Einheit der Persönlichkeit. Wo solche Orientierungspunkte innerpsychisch nicht aufgebaut werden, wo also Lernbedingungen der Strukturbildung entgegenstehen, kommt es zu Grundformen der Desorientierung, die schließlich zu Selbstverlust, Identitätsdiffusion und Momentpersönlichkeiten sowie zur Unfähigkeit, Verantwortung zu übernehmen, führen.
Pädagogische Konsequenzen lassen sich aus dieser Situation in zweierlei Hinsichten ableiten: (1) Wenn Entwicklung der Persönlichkeit eine stets zunehmende Orientierung des Selbst auch unter neuen, für die verschiedenen Stadien spezifischen Aspekten bedeutet, können die Erwerbungen der vorangegangenen Stadien nicht in ihrer ursprünglichen Form bestehen bleiben. Sie bilden zwar die Grundlage für den neuen Entwicklungsabschnitt, müssen aber, ist dieser Abschnitt erreicht, im Gesamt des Erreichten neu bestimmt werden, insofern sie integriert werden müssen. Die Persönlichkeit kann sich z. B. hinsichtlich ihres Lebens-Planes oder Selbst-Bildes nicht in einer «Phase» der Identifikation der Vorpubertät befinden, während der Modus des Vertrauens noch der kleinkindhaften Beziehung folgt; auch das Vertrauen muß zunehmend in Selbstvertrauen übergehen. Das bedeutet für die Einstellungsbildung im Zuge der Persönlichkeitsentwicklung allgemein und für die religiöse Einstellungsbildung im besonderen, daß frühe Formen der gelungenen Einstellungsbildung stets erneut aufgegriffen werden müssen, um vom Selbst neu interpretiert zu werden. Hierbei muß die Erziehung helfen. Wo diese Hilfe unterbleibt, streift das Individuum Einstellungen ab, die ihm momentan nicht hilfreich erscheinen, obwohl sie ihm bei neuer Sinngebung hilfreich sein könnten. Für die Religionspädagogik ergibt sich daraus konkret die Aufgabe, sich des wichtigen Teils der Einstellungen von Kindern und Jugendlichen zu versichern, um entsprechend helfend tätig zu werden.
Daraus ergibt sich die (2) Konsequenz, die auch schon verschiedentlich angeklungen ist: Da sich auf jeder «Stufe» der Persönlichkeitsentwicklung die Möglichkeit der Neuorientierung ergibt, zeigt sich auch jedesmal eine neue pädagogische Chance. Wenn es gelingt, dem Bedürfnis des jeweiligen Entwicklungsstandes

angemessen entgegenzukommen, können in gewissen Grenzen Versäumnisse der Vergangenheit aufgearbeitet werden. Anläßlich der religiösen Situation Jugendlicher, wie sie sich nach Oerter (1966) ergibt, ist diese Einsicht von großer Bedeutung. Wir wissen allerdings auch von A. Mitscherlich (1950), daß es für bestimmte Erfahrungen optimale Zeiten gibt. Sind diese versäumt, gestaltet sich späteres Lernen eminent schwierig. Wo z. B. durch mangelnde Zuwendung zum Kleinkind das Urvertrauen als Grundlage für Orientierungs- und Identifikationsfähigkeit nicht gewachsen ist, sind die Identifikationenen der Schulzeit geschwächt. Es genügt jetzt nicht einfach, zusätzliche Identifikationsangebote zu machen, vielmehr muß die grundlegende Fähigkeit des Vertrauens wiedergewonnen werden, was einer *therapeutischen* Aufgabe der Erziehung gleichkommt: Diese Aufgabe, dem Schüler in bestimmten Grenzen – pathologische Erscheinungsweisen ausgenommen; hier bedürfen die Kinder besonderer Sorge – Hilfen zuteil werden zu lassen, kann die Pädagogik freilich nicht in der Weise der frühkindlichen elterlichen Zuwendung leisten; hier muß sie vielmehr eigene Wege gehen.
Besonders der *konfliktverarbeitende* Unterricht hat hier seinen Ort, wenn er nicht nur als Aufdecken von Konflikten bzw. deren Verschärfung (vgl. das Beispiel Tarzan) verstanden wird, sondern durch die Offenlegung der im Konflikt beteiligten Interessen und deren Würdigung Möglichkeiten der *aktuellen* Bewältigung durch den Schüler erschließt. Konflikte spiegeln nämlich den Entwicklungsstand der Person und geben besonders Aufschluß über zurückliegende Störungen der Persönlichkeitsentwicklung sowie über die Fähigkeit, die Zukunft vorwegzunehmen und die darin enthaltenen Möglichkeiten als eigene anzusehen.[68]
Gerade wegen dieser umfassenden lebensgeschichtlichen Tragweite von Konflikten spricht der Schüler auf deren Artikulation im Unterricht besonders an. Daß vom Schüler dabei eigene Konfliktsituationen überhaupt wahrgenommen werden, ist ein Zeichen dafür, daß für ihn die entsprechende Problematik (noch) bedeutsam, sein Interesse noch nicht verdrängt und damit pädagogisch zugänglich ist. Diese Bereitschaft des Schülers, bei aller sonstigen emotionalen Zurückhaltung Konflikte zu artikulieren, darf vom Pädagogen so interpretiert werden, daß der Schüler der Hilfe bedarf. Daraus dürfen sich aber keinesfalls Indoktrination

[68] Vgl. H. Thomae, Konflikt, Entscheidung, Verantwortung, a.a.O., S. 177.

oder Manipulation ergeben, eine Gefahr, die für einen Unterricht, der Konflikte nur aufzeigt, ohne Hilfen zu deren Bewältigung zu geben, unmittelbar entsteht. Damit eine solche Bevormundung auch nicht unbeabsichtigt geschieht, muß der Pädagoge sich mit den Ergebnissen von Persönlichkeitspsychologie und Tiefenpsychologie vertraut machen, um für die existentiell bedeutsamen Fragen der Schüler ein Gespür zu bekommen. Besonders für die Religionspädagogik kann hier auch eine Beachtung der *Gruppendynamik* hilfreich sein.[69] Sollen aber Pädagogik, insbesondere aber Religionspädagogik *identitätsbildend* tätig werden, genügt eine Konfliktanalyse keineswegs. Dies wird im Zusammenhang der dargelegten Entwicklungskonzepte Allports und Eriksons und des kritisierten von Freud unmittelbar deutlich: Ohne Orientierung auf Zukunft, ohne eine «Linie der Hoffnung» kann Selbstwerdung nicht gelingen. Diese Hoffnung gründet aber letztlich in gelingenden Beziehungen und in jener «wohlwollenden» Sicht Ricœurs.

Eine solche Grundausrichtung von Pädagogik und Religionspädagogik mit dem Vorwurf «harmonistisch» zu belegen, käme einer Verharmlosung der aktuellen Situation der Erziehungsinstitutionen von Familie und Schule gleich. Die tiefenpsychologischen Analysen von Mitscherlich, Bally und Sborowitz haben gezeigt, daß es aus dieser Situation der Desorientierung und beginnenden Verzweiflung – daß sie vielen nicht vor Augen tritt, mag schon ein Zeichen ihrer Resignation sein – einen Ausweg gibt, der humane Möglichkeiten in sich birgt: sich der Möglichkeiten zu besinnen, die aus der Spannung «Beziehung und Bestimmung» erwachsen, und Verantwortung für die eigene Lebensgestaltung zu übernehmen.

4.5 Identitätsbildender Religionsunterricht

Die Analyse der freudschen Religionskritik hat gezeigt, daß auch wissenschaftliche Interpretationen von Religiosität durch Vorentscheidungen geprägt sind. Insbesondere im pädagogischen Zusammenhang ist es wichtig, diese Vorentscheidungen beim Na-

69 Vgl. J. Scharfenberg, Religion zwischen Wahn und Wirklichkeit (Abschnitt: Religionspädagogik und Gruppendynamik), a.a.O., S. 209–228; vgl. auch K. Frielingsdorf, Lernen in Gruppen, Zürich/Köln 1973.

men zu nennen. Die Auseinandersetzung mit Freud machte dabei auch unsere eigenen Interessen der Fragestellung deutlich: Im Vordergrund soll nicht eine möglichst geschlossen Theorie, in der die konkrete menschliche Situation nur verfremdet erscheint, stehen. Unser Hauptinteresse gilt vielmehr einer wissenschaftlich begründeten und dennoch umfassenden Sicht der menschlichen Existenz. Im gegebenen Zusammenhang von Persönlichkeit und Religiosität führt dieses Interesse dazu, die Sinnfähigkeit des Menschen nicht psychologistisch zu verengen, sondern für die Möglichkeit des Transzendierens der eigenen Begrenztheit offen zu halten.

Es liegt in der Linie dieser Vorentscheidung, wenn im folgenden die Gestalt der reifen Religiosität nicht rein innerpsychologisch entfaltet, sondern an einigen Aspekten des Verhaltens Jesu von Nazaret aufgezeigt wird. Aus diesem Vorgehen wird zugleich deutlich, daß das, was Allport die «am weitesten ausholenden Seiten des Werdens»[70] nennt, geschichtlich immer eine konkrete Gestalt erhält. Diese ist in unserem Kulturkreis die christliche Religion. Zum anderen wird in dieser Darstellung auch die nächste Aufgabe vorbereitet, aus den psychologischen Erkenntnissen konkrete Möglichkeiten einer religiösen Erziehung zu eröffnen. Dabei wird die Analyse des Verhaltens Jesu besonders Ansatzpunkte für einen identitätsbildenden Religionsunterricht geben.

4.5.1 Jesus, Symbol des Selbst?

Ausgehend von psychologischen Erkenntnissen der Selbstwerdung habe ich in meinem Beitrag «Die Bedeutung von Leben und Tod Jesu von Nazaret in tiefenpsychologischer Sicht» versucht, die Aspekte des Verhaltens Jesu für die Identitätsproblematik fruchtbar zu machen.[71] Eine solche Betrachtungsweise führt keineswegs zu einer theologischen Verkürzung, sondern zeigt vielmehr in der Gestalt Jesu fruchtbare Ansatzpunkte sowohl für die religionspädagogische Aufgabe wie für eine christologische Vertiefung.

Betrachtet man Jesu Predigt vom Reich Gottes, so fällt zunächst auf, daß sich Jesus in erstaunlicher Weise von den Apokalyptikern seiner Zeit unterscheidet. Bei Jesus treten apokalyptische Sym-

[70] G.W. Allport, Werden der Persönlichkeit, a.a.O., S. 84.

[71] H.A. Zwergel, Die Bedeutung von Leben und Tod Jesu von Nazaret in tiefenpsychologischer Sicht, in: R. Pesch/H.A. Zwergel: Kontinuität in Jesus. Zugänge zu Leben, Tod und Auferstehung, Freiburg/Br. 1974, S. 95–124, 140–144.

bole wie «Weltbrand», «Gericht» und *danach* kommender «neuer Äon» stark zurück. Jesu Rede vom Reich Gottes deutet vielmehr an, daß im Jetzt die Entscheidungen fallen. Aus diesem unterschiedlichen Verhalten läßt sich tiefenpsychologisch folgendes erschließen: Sei es durch die ständige Bedrohung des Volkes Israel von außen, sei es durch eine ständige Angst vor einem religiösen Selbstverlust oder durch ein rigoristisch-legalistisch interpretiertes Thora-Gesetz, alle diese Momente können dazu geführt haben, daß das Selbstwertgefühl des Juden zur Zeit Jesu gegen diese Bedrohungen rebelliert, so daß es zu Konflikten mit den genannten Instanzen kommt. Konflikte aber sind auf Dauer nicht durchzustehen, da Selbstwertgefühl und Selbstvertrauen auf gelungenen und nicht ständig gestörten Beziehungen beruhen. In der Konfliktlösung aber setzt sich in der Regel der stärkere Teil durch, ohne daß der andere seiner Wirksamkeit beraubt wäre.
Im Falle des jüdischen Volkes erweist sich die Realität mit ihren Zwängen als stärker. Daher sinken die Motive des Selbst als Motive nach Autonomie und Selbstbestimmung ins Unbewußte ab, sie werden verdrängt, ohne allerdings zur Ruhe zu kommen. Unbewußt arbeiten sie weiter und erzeugen Wunschvorstellungen, eben jene Projektionen apokalyptischer Symbole. Diese geraten jetzt deshalb nicht mit der bedrängenden Gegenwart in Konflikt, weil in der apokalyptischen Zukunftsrede Zeichen des beginnenden Endgerichts angemeldet werden, die aber jetzt noch nicht eingetreten sind: Die Gegenwart mit ihrem Druck kann also weiter agieren, und *zugleich* sind die Interessen des Selbst symbolisch anwesend. Diese Form der Konfliktlösung tritt aber auf der Stelle: «Solange die psychischen Energien in der Projektion gebunden sind, fehlt die Kraft zur Realisierung der in den verdrängten Wünschen angemeldeten fundamentalen Lebensinteressen des Menschen.»[72] Die religiöse Apokalyptik entspricht demnach genau der Form der Religiosität, wie sie Freud oben kritisiert hat. Man flüchtet vor der Realität und versucht, durch Wunschvorstellungen, nicht durch eigene Umgestaltung der Realität seinen existentiellen Bedürfnissen nach Autonomie gerecht zu werden.
Betrachtet man Jesu Verhalten, so fällt dessen unerhörte Freiheit auf:[73] In Jesus sind die vielfältigen Bedrohungen ernst genom-

[72] Ebd. S.107.
[73] Vgl. J. Blank, Das Evangelium als Garantie der Freiheit, Würzburg 1970; R. Pesch, Jesus ein freier Mann, in: Concilium 10 (1974), S.182–188.

men und verarbeitet, aber nicht in der Form der Projektion, sondern in deren Überwindung. Jesus nimmt die Wünsche des Selbst nach Autonomie, Glück und eigener Zukunft – seien es seine eigenen oder die seiner Mitmenschen – so ernst, daß er die gegebenen Zwänge überwinden kann. (Was Jesus dazu befähigt hat, muß noch gezeigt werden.) «Auf Jesu verbürgtes Handeln angewendet, läßt sich vorsichtig formulieren, daß die Überwindung der entfremdeten Realität, die enthusiastische Predigt angesichts eines schon angefangenen Reiches Gottes eine Form des Weltverhaltens ist, die von einer Einheit der Person getragen ist ... von der aus *die Realität umgestaltet* wird.»[74] Jesus unterwirft sich also nicht den Zwängen einer beängstigenden Wirklichkeit, sondern gestaltet diese durch konsequentes Handeln um.

Fragt man, was Jesus zu einem solchen Verhalten befähigt hat, verweist die Christologie mit Recht auf die Gottheit Jesu. Da Jesus sich aber als einheitliche Person verhält, ergeben sich auch aus seinem Verhalten in der Sicht der Identitätsproblematik Ansätze zu einer christologischen Vertiefung. Für Jesus erwächst die Kraft zur Überwindung oder zum Widerstand gegen Zwänge nicht aus Wunschprojektionen, die Energie abziehen, sondern aus Jesu grundlegend neuer Sicht des Menschen: Er eröffnet Beziehungen ohne selbstliebende und verkrustete Zurückhaltung oder verächtlichen Spott gegenüber dem Anderen. Jesu Verhalten ist somit geprägt durch eine starke Vorwegnahme eines Menschenbildes, das in seiner Gegenwart noch nicht realisiert war. Dabei zeigt diese Vorwegnahme Jesu eine starke Wachheit für die gegenwärtige Situation, so daß auch die Voraussetzung für deren Realisierung gesichert ist.

Jesus verleiht diesem Menschenbild Gestalt durch seine Worte vom «Reich Gottes», in dem alle gemeinsam zu Tisch sitzen. Darin deutet sich zugleich an, daß Jesus seinen Einsatz für dieses Reich Gottes wagen kann, weil ihm angesichts seines guten Gottes jene Hoffnung zugewachsen ist, welche die beängstigenden Grenzen wahrzunehmen, anzunehmen und auf neue Möglichkeiten hin auszulegen befähigt. Jesu Zukunftshoffnung wird durch diese Gottesbeziehung in ihrer Dynamik gestärkt: Sie zieht nicht wie die apokalyptische Erwartung Energie von der Gegenwart ab, sondern ermöglicht unvoreingenommenen Einsatz. Jesus gibt dem Symbol des «Reiches Gottes» somit auch durch sein

[74] H. A. Zwergel, a. a. O., S. 110.

Handeln jene Gestalt, die es für seine Mitmenschen in der Dimension der Geschichte erfahrbar macht.
Diese Einheit von Handeln und Vorwegnahme der Zukunft ist in der christologischen Rede vom eschatologischen Handeln Jesu intendiert. Diese Neugestaltung stellt dabei den entscheidenden Fortschritt dar, den Freud nicht zu sehen vermochte: Ohne den Wert des Lebens als Mitmenschlichkeit herabzudrücken, vermag Jesu Transzendieren der gegebenen Grenzen gerade diese Mitmenschlichkeit und Verpflichtungen zu Entscheidung und Verantwortung in ihrem für ihn wahren Stellenwert zu bestimmen. Was diese Erweiterung der Selbstbestimmung in die Beziehungsdimension letztlich bedeutet, mag im Kontrast mit einer Bemerkung von H. Kohut deutlich werden: «Große Menschen, die jene Anschauung des Lebens erreicht haben, die von den Römern ein Leben *sub specie aeternitatis* genannt wurde, zeigen keine Resignation und Hoffnungslosigkeit, sondern einen stillen Stolz, der oft mit milder Verachtung des großen Haufens einhergeht, der, ohne imstande zu sein, sich an der Vielfalt der Genüsse, die das Leben bietet, zu erfreuen, sich vor dem Tode fürchtet und vor seinem Herannahen zittert.»[75] Wie die Resignation als das ohnmächtige Sich-zurückziehen des gekränkten Ich zu verstehen ist, so zeigt auch diese kosmische Selbstliebe unreife Schatten: Man ergreift die Möglichkeiten der *gegenwärtigen* Situation, man transzendiert nicht wirklich die eigene Begrenztheit, weil die eigenen Möglichkeiten der Existenz verschlossen bleiben. Ausdruck dieser Starrheit ist der verächtliche Stolz über die Ängstlichen, der blind vor ihren existentiellen Problemen macht und somit verhindert, daß die Selbst-*Bestimmung* wieder in das Moment der *Beziehung* hinein erweitert wird. Gerade diese Erweiterung der Beziehungsdimension vertieft noch im Zusammenhang der Identitätsproblematik die Bedeutung Jesu.
A. Sborowitz skizziert diese Bedeutung ebenfalls aus der Sicht der Selbst-Werdung (Individuation): «1. Es ist die Vereinigung mit dem leidenden Christus, die es dem Menschen ermöglicht, sein eigenes Leid, so schwer es auch sein mag, nicht nur zu ertragen, sondern es in einem gewissen Maße sogar zu überwinden. 2. Es ist die Vereinigung mit dem ‹erhöhten Christus›, die unserer Seele eine letzte Kraft zu geben vermag... 3. Das dritte Moment ... ist

[75] H. Kohut, Formen und Umformungen des Narzißmus, in: P. Kutter/H. Roskamp (Hrsg.), Psychologie des Ich, a.a.O., S.365.

gerade in der Menschlichkeit Jesu gegründet... Damit wird die Forderung deutlich, daß der Mensch nach dem Vorbilde Jesu – ganz unabhängig davon, ob und in welchem Maße er in Beziehungen zu anderen Menschen geborgen ist – zuletzt durch die Beziehung zu Gott ‹in sich selber› stehen soll.»[76]

Mit Jesus tritt uns somit, wenn auch nicht nur, so doch auch eine Persönlichkeit entgegen, die in ihrer Reife und umfassenden Gestalt für den Menschen durchaus symbolische Qualität besitzt. C. G. Jung sagt sogar wörtlich: «Christus, ein Symbol des Selbst.»[77] Ohne auf Jungs «Komplexe Psychologie» näher eingehen zu wollen, ist von Jung jedoch nicht der Jesus von Nazaret als historische Person gemeint, sondern jener Christus, wie er in der ersten Zeit nach Jesus als mythologische Rede entstanden ist: «Schon auf sehr früher Stufe also verschwand der wirkliche Jesus hinter den Emotionen und Projektionen seiner näheren und weiteren Umgebung, er wurde sofort und beinahe restlos an die ‹seelischen Bereitschaftssysteme›, die ihn umgaben, assimiliert und damit in deren archetypisch geformten Ausdruck umgewandelt. Er wurde zu jener kollektiven Gestalt, welche das zeitgenössische Unbewußte erwartete...»[78]

Jung spricht von Christus als einem «Symbol des Selbst» nur in dieser erweiterten mythologischen Bedeutung.[79] Auch wenn dabei das Interesse an der konkreten geschichtlichen Zuwendung durch Jesus vorbeigeht, hat Jung damit eine Wirkung der Christusgestalt hervorgehoben, auf die auch W. Pöll[80] hingewiesen hat: Christus kann wegen seiner umfassenden Ganzheit dem Menschen eine archetypische Erfahrung vermitteln, die ihn aus der Enge seines Selbst herausführt. Ohne die Bedeutung auch solcher Erfahrungen schmälern zu wollen, muß doch darauf hingewiesen werden, daß die jungsche Interpretation der Gestalt Jesu in einer Richtung wesentlich zu kurz greift. Jesus ist nicht nur zum kollektiven Christus-Symbol geworden, er hat vielmehr

[76] A. Sborowitz, Individuation und Glaube. Mit einem Geleitwort von W. Bitter, Darmstadt 1975, S. 94f.

[77] C. G. Jung, Aion. Untersuchungen zur Symbolgeschichte. Mit einem Beitrag von M.-L. von Franz, (Psychol. Abhandlungen Bd. 8), Zürich 1951, S. 63.

[78] C. G. Jung, Versuch einer psychologischen Deutung des Trinitätsdogmas, in: Ges. Werke XI, S. 168.

[79] Diese mythologische Bedeutung im Sinne Jungs ist durchaus von der christologischen Rede zu unterscheiden, da diese die psychologische Interpretation weit übersteigt.

[80] Vgl. W. Pöll, Das religiöse Erlebnis und seine Strukturen, a. a. O., S. 195ff.

durch seine Zuwendung zum Mitmenschen, durch sein konkretes Handeln und Entscheiden seine neue Sicht des Menschen *verwirklicht*. Von dieser Verwirklichung kann nicht dispensiert werden, genausowenig, wie die Bedeutung der Gottesbeziehung für dieses Handeln ausgeklammert werden kann.
Wo diese Momente des Handelns Jesu kollektiv-psychologisch aufgelöst werden, geht eine weitere für die Persönlichkeitsproblematik wesentliche Dimension verloren: Wenn für die Existenzbewältigung letztlich eine Linie der Hoffnung entscheidend ist, Hoffnung aber durch Zuwendung begründetes Vertrauen voraussetzt, kann der sich auf Jesus berufenden religiösen Sinngebung aus Jesu Zuwendung diese Hoffnung erwachsen.
Diese Hoffnung kann für die eigene Selbstbestimmung und Sinngebung fruchtbar werden, insofern ein sonst nur allgemeines Ziel von Emanzipation, Befreiung, herrschaftsfreiem Dialog in Jesus eine konkrete Gestalt gefunden hat: Die gelungene Erschließung des Reichs der Brüderlichkeit als eines Reiches Gottes vermag *begründete* Hoffnung zu vermitteln, insofern sie das Zurückschrecken vor der eigenen Entscheidung überwinden kann.
Soweit wir identitätspsychologische Gesichtspunkte heranziehen – für die Probleme einer solchen Betrachtung kann auf K. Niederwimmer verwiesen werden[81] –, zeigt sich, daß Jesu Verhalten all jene Momente aufweist, die in der Entwicklung der reifen Persönlichkeit herausgestellt worden sind: Jesus ist nicht von Einzelkomplexen der Seele getrieben, ist keine Momentpersönlichkeit in verschiedenen Situationen; er ist vielmehr gesammelt im «Zentrum seiner Wesenheit, erfährt da seine Pflicht und handelt ihr gemäß. Hier ist die Freiheit in Wirksamkeit getreten: die Tat der Freiheit ist immer die Tat der zentral geeinten Person».[82] Dieses sein Verhalten gründet in einer gelungenen Ich-Du-Beziehung zu seinem Gott und befähigt ihn zur Wahrnehmung der Möglichkeiten seiner Gegenwart, nämlich zur unvoreingenommenen Du-Beziehung zu seinen Mitmenschen, besonders zu solchen, die mit existentiell bedrängenden Problemen belastet sind. Wenn man von Jesu Selbst-Bild versuchsweise reden darf, vereint es somit eine starke Zukunftshoffnung, die zur Wahrnehmung der realen Probleme und deren anfanghaften Überwindung befähigt; diese

[81] Vgl. K. Niederwimmer, Tiefenpsychologie und Exegese, in: Wege zum Menschen 22 (1970), S. 257–272.
[82] A. Sborowitz, Beziehung und Bestimmung, a. a. O., S. 47.

Überwindung geschieht also nicht blind, sondern – in Worten der zurückliegenden Überlegungen gesprochen – mit einer kognitiven Wachheit und emotional-existentiellen Fundierung.
In Jesu Verhalten finden sich also jene Momente, die wiederum Allport mit «Eigenstreben, umfassendem Gewissen und Intentionalität» gekennzeichnet hat. In diesem Sinne hat Jesu Verhalten als Ganzheit die Persönlichkeitsentwicklung über die Resignation hinausgeführt und erhält exemplarisch-existentielle Bedeutung. Reife Religiosität in diesem Sinne ist damit möglich und ließe sich noch an weiteren Gestalten, die den Impuls Jesu aufgenommen haben, nachweisen. Für unsere Überlegungen ist indes wichtig, daß Jesus nicht nur Paradigma einer gelungenen Persönlichkeitsentwicklung sein kann, sondern daß in der Beziehung auf ihn die eigene Bestimmung eine existentiell bedeutsame, psychologisch verständliche Erweiterung erfährt, nämlich jenes begründete Vertrauen in die eigene Entscheidung. Die Gestalt Jesu kann insofern für die Identitätsproblematik fruchtbar werden, kann Ausgangs- und Mittelpunkt eines identitätsbildenden Religionsunterrichts werden.

4.5.2 Identitätsbildender Religionsunterricht

Eine solche Einsicht religionspädagogisch fruchtbar zu machen, setzt zwei Entscheidungen voraus. Die erste ist gleichbedeutend mit der schon angedeuteten Problematik, daß die Orientierungen der Persönlichkeit, auf die im Sinne einer verantworteten Erziehung nicht verzichtet werden kann, nicht existentiell bedeutungslos oder nur scheinhaft-abstrakt sein dürfen. Orientierung bedeutet vielmehr Entfaltung von inhaltlichen Werten, die letztlich in einem konkreten Menschenbild gegeben sind. Um gerade dem vorpubertären Schüler diese Orientierung zu ermöglichen, müssen die Identifikationsangebote inhaltlich überschaubar sein und den eigenen Wachstumsmotiven der erwachenden Intentionalität und eigenen Sinngebung entgegenkommen. Damit ein einzelnes Wertkonzept nicht wiederum manipulativ verengend wirkt, müssen im Sinne der Offenheit verschiedene Wertvorstellungen dargestellt werden, damit der Schüler in seine Sinngebung hineinwachsen kann. Gerade angesichts dieser Forderung aus der Persönlichkeitsentwicklung engt die Präsenz eines an Jesus orientierten Religionsunterrichts in der Schule die Möglichkeiten des Schülers nicht ein und hat daher in einer stark leistungs- und

gegenwartsbezogenen Schule ihren legitimen Ort, insofern der Religionsunterricht wesentliche Aspekte der Identitätsbildung offen halten und einer persönlichen Bewältigung zuführen kann.
Mit der Identitätsproblematik hängt auch die zweite Entscheidung für einen in der Schule für alle legitimen Religionsunterricht zusammen; auch sie ist oben schon angeklungen und muß wegen der Bedeutsamkeit nochmals hervorgehoben werden. Gerade in unserer technisierten Welt und technokratischen Ordnung droht, wie verschiedene Äußerungen von Psychotherapeuten belegen, die zwischenmenschliche Beziehung verloren zu gehen. Auch die Schulen mit ihrer Konzentration und daraus resultierenden Massenorganisation bieten für solche gerade in den Jahren des Wachsens und Reifens besonders wichtigen Beziehungen immer weniger Raum, so daß die Persönlichkeitsentwicklung schweren Belastungen unterworfen ist und das pädagogische Bemühen wegen dieses Mangels an Beziehungen häufig einem Leerlauf gleichkommt. Sborowitz spricht auch hier von einem stationär gewordenen «Es-Verhältnis zum anderen Menschen..., wo doch die Anerkennung des Du unbedingt vonnöten wäre».[83]
Diese Es-Beziehungen im Bereich der Schule in Du-Beziehungen umzuformen, ist gewiß Aufgabe aller Schulfächer. Der Religionsunterricht wäre aber in besonderer Weise dazu in der Lage, da er keine Es-Inhalte zu vermitteln hat. Er kann dieser Aufgabe gerecht werden, wenn er in Jesus jene Hoffnungsentfaltung fördert, welche die grundlegende Form der Ich-Du-Beziehung ist.
Ein solcher *identitätsbildender Religionsunterricht* muß im Sinne des Ziels der Identität als selbstentscheidender Sinngebung die wachsende Freiheit achten und die den Schülern angemessene Vermittlungsform suchen. Für die konkrete Situation der Schüler hat der Beschluß der Synode «Der Religionsunterricht in der Schule» deshalb eine differenzierte Aufgabe formuliert.[84] «Dem gläubigen Schüler hilft der Religionsunterricht, sich bewußter für diesen Glauben zu entscheiden und damit der Gefahr religiöser Unreife oder Gleichgültigkeit zu entgehen. Dem suchenden oder im Glauben angefochtenen Schüler bietet er die Möglichkeit, die Antworten der Kirche auf seine Fragen kennenzulernen und sich mit ihnen auseinanderzusetzen. Er kann somit seine Bedenken und

[83] Ebd. S. 41.
[84] Vgl. «Der Religionsunterricht in der Schule». Beschluß der Gemeinsamen Synode der Bistümer in der Bundesrepublik Deutschland, in: Synode 1/1975, S.97.

Schwierigkeiten in den Erkenntnisprozeß einbringen. Dem sich als ungläubig betrachtenden Schüler, der sich vom Religionsunterricht nicht abmeldet, ist im Religionsunterricht Gelegenheit gegeben, durch die Auseinandersetzung mit der Gegenposition den eigenen Standort klarer zu erkennen oder auch zu revidieren.»
Eine solche umfassende Zielformulierung für den Religionsunterricht kann nicht realisiert werden, wenn sich der Religionsunterricht nur auf Information über Religion beschränkt und dabei vielleicht noch so vorgeht, daß er möglichst diese heterogenen Schülersituationen ausklammern oder neutralisieren will. Ein solcher Unterricht wird, soweit wir aus der oben skizzierten Einstellungsentwicklung wissen, lebenspraktisch unfruchtbar bleiben, da er die anderen Bereiche des Emotionalen (= Lebensinteressen) und Praktischen (= Verantwortungsbereitschaft) nicht berühren will.
Aus der Vertiefung der Einstellungsbildung in die Persönlichkeitsentwicklung wissen wir aber auch, daß die emotionale Fundierung angemessen nur über die Bedürfnisse der Persönlichkeitsentwicklung gelingen kann. Das bedeutet für die Zielformulierung des Synodenbeschlusses, daß die genannte dreifache Aufgabe nur in einem an der Identitätsproblematik orientierten Unterricht gelingen kann.
Die existentiell-exemplarische Identitätsproblematik in der Gestalt Jesu und seine Bedeutung für die Hoffnungsdimension können diese dreifache Aufgabe zu einer Einheit verknüpfen:
(1) Dem *pubertierenden Jugendlichen* kann im entscheidenden Umformungsprozeß von zugewachsenen Einstellungen in eigene Sinngebung eine analytische Entfaltung der Identitätsproblematik in der Gestalt Jesu, wie sie oben skizziert wurde, die eigene Situation transparent machen, und zwar nicht nur hinsichtlich ihrer faktischen Erscheinung mit ihren gelungenen Beziehungen, Konflikten und Anforderungen, sondern auch hinsichtlich ihrer Möglichkeiten als künftigen Chancen der Persönlichkeit.
Eine solche Bestandsaufnahme der eigenen Situation bleibt keinem pubertierenden Schüler erspart, soll er wirklich in seine *eigene* Entscheidung hineinwachsen. Das bedeutet mit H. Reiser, daß auch der Religionsunterricht die Aufgabe hat, Konflikte der zurückliegenden Identitätsentwicklung durchzuarbeiten.[85] Arti-

[85] Vgl. das Gesamtkonzept in: H. Reiser, Identität und religiöse Einstellung. Grundlagen zu einem schülerorientierten Religionsunterricht, Hamburg 1972.

kuliert der Unterricht aber diese Konflikte im Kontrast mit der Gestalt Jesu, besteht die Chance, daß die Konfliktverarbeitung nicht nur zu einer beziehungslosen Ich-Stärke führt, sondern in eine beziehungsvolle Stärkung des eigenen Selbst-Bildes einmündet. Ich-Stärke allein ist hier eine wenig hilfreiche Forderung, wenn sie nur die zurückliegenden Schwierigkeiten aufarbeitet. Sie muß einmünden in einen Entwurf nach vorn, was eben mit Selbst-Bild und Eigenstreben (Allport) gemeint ist; auch hierzu bedarf der Pubertierende der Orientierungshilfe. Gerade in der normativen Krise der Pubertät müssen also therapeutische und konfliktverarbeitende Bemühungen des Unterrichts zu Identitätsbildung erweitert werden.

(2) In dieser Bemühung konfrontiert der Religionsunterricht den Schüler über die Aufgabe der Situationsanalyse hinaus mit der Frage nach der Verantwortung und der eigenen Entscheidung. Sowohl die Einstellungsforschung als auch die Persönlichkeitspsychologie haben uns gezeigt, daß der Unterricht wegen der Bedeutung des Gelernten für die Lebensbewältigung auch die Frage nach der situativ bezogenen Verantwortung nicht ausklammern darf, da auch Verantwortung zu übernehmen von der Persönlichkeit gelernt werden muß. Die entscheidungsrelevanten Aspekte der Unterrichtsinhalte auszuklammern, kommt also ebenfalls einer Beschneidung der Entfaltungsmöglichkeiten der Schüler gleich. Die Entscheidungs- oder Handlungskomponente hat in der Pubertät die Gestalt des Bezugs zur eigenen Verantwortung und der eigenen Sinngebung; diese zu aktivieren, kommt dem entscheidenden Wachstumsbedürfnis dieser «Phase» der Persönlichkeitsentwicklung entgegen. Sensibilisiert der Religionsunterricht den Schüler in diesem seinem Verantwortungsgefühl, dann trägt er wesentlich zur Identitätsentfaltung bei. Er muß auch nach der Synodenformulierung den Schüler dabei keineswegs auf eine religiöse Sinngebung festlegen. Vielmehr erlaubt die Erschließung der Schülersituation durch die exemplarische Situation Jesu sowohl eine Vertiefung der *eigenen* Entscheidung in religiöser Hinsicht als auch eine Klärung der Schüler-Verantwortlichkeit unter anderen, die eigene Existenz deutenden Voraussetzungen.

(3) Die Analyse der eigenen Möglichkeiten in kognitiver Hinsicht bereitet zwar die eigene Entscheidung vor, genügt aber keineswegs zu deren dauerhaften Sicherung. Für existentielle Entscheidungen muß vielmehr hinzukommen, daß die erkannten

Möglichkeiten auch für realisierbar gehalten werden.[86] Das Vertrauen auf Realisierbarkeit schwindet aber in der heutigen Situation, wo nicht nur die Beziehungen in der Familie oft gestört sind, sondern auch durch die zunehmende Verdinglichung und Entpersonalisierung unserer Lebenswelt die Zukunftsfähigkeit überhaupt beeinträchtigt ist. In dem Sichbeziehen auf Jesus von Nazaret kann der Schüler diese Beziehungsstörungen überwinden und Zukunftsfähigkeit entfalten. Diese Beziehung gründet allerdings nicht nur in einem Akt kognitiver Aneignung, sondern ist Ausdruck einer existentiellen Auslegung, die Glauben genannt wird. Diese Vertiefung der Beziehung des Glaubens kann sich unmittelbar aus den ersten beiden Schritten ergeben und erfordert keine isolierte Ansprache des gläubigen Schülers. Gerade darin, daß der Schüler aus Situationsanalyse und verantworteter Sinnorientierung zu diesem Glauben kommen kann, liegt die Möglichkeit des identitätsbildenden Religionsunterrichts, allen Schülern eine Hilfe zur Verantwortung des Selbst zuteil werden zu lassen, ihre Freiheit und Entscheidung, ob religiös oder anders orientiert, zu fördern und zu achten. *Selbst*-Bestimmung bleibt somit auch das oberste Ziel des identitätsbildenden Religionsunterrichts, nur gibt er sich nicht dem Irrtum hin, der Schüler könne ohne Auseinandersetzung um Sinn und Verantwortung zu ihr gelangen. Die klare Darstellung eines umgreifenden Menschenbildes hilft hier auch nach psychologischen Erkenntnissen weiter als das Verwischen aller Konturen von Verantwortung und Entscheidung.

Selbst wenn zurückliegender Religionsunterricht es versäumt hat, den pubertierenden Jugendlichen in den Bedürfnissen seiner Persönlichkeitsentwicklung zu unterstützen, hat der skizzierte Religionsunterricht eine Chance, wenn es ihm gelingt, Zugang zur Identitätsproblematik der Schüler zu finden. Hierzu muß der Lehrer Kenntnisse über die Identitätsentwicklung, über Motivationsprozesse und Konfliktanalyse mitbringen, vor allem aber die Bereitschaft, den Schüler zunächst einmal so, wie er ist, anzunehmen, sich auf ihn einzulassen, um seine Probleme in jener «propulsiven Identifikation» zu orten. Der Lehrer muß selbst die Voraussetzung für Ich-Du-Beziehungen schaffen, ohne die Schüler affektiv-unkontrolliert in rückschreitende, Abhängigkeit erzeugende Identifikationen zu drängen. Wenn der Religionslehrer dann diesen Bedürfnissen nach Selbst-Bestimmung und freier

[86] Vgl. H. Thomae, Konflikt, Entscheidung, Verantwortung, a.a.O., S. 124.

Beziehung, nach Selbst-Vertrauen und Hoffnung, nach Autonomie und Einsicht in die eigene Verantwortung sowie nach kognitiver Entfaltung entgegenkommt, kann wegen der neuen Orientierung der früheren Persönlichkeitsmomente ein Religionsunterricht fruchtbar werden, wo zuvor an der Identitätsproblematik der Schüler vorbeigehende Unterrichtsversuche nur hinderlich geworden oder unfruchtbar geblieben sind.
Aus diesen Überlegungen für einen identitätsfördernden Religionsunterricht in der normativen Krise der Pubertät ergeben sich natürlich auch Folgerungen für einen *Religionsunterricht in der Zeit vor der Pubertät,* insbesondere für die Grund- und Orientierungsstufe. Auch dieser Unterricht muß, wenn er an dem Ziel einer nach dem christlichen Menschenbild möglichen Selbstbestimmung festhalten will, an der Persönlichkeitsentwicklung orientiert sein, stellt sich doch diese nicht schlagartig mit der Pubertät ein, sondern reicht bis in die Anfänge des Menschenlebens zurück. Anders ist auch eine *fruchtbare* Kontinuität des Religionsunterrichts nicht zu erreichen; denn eine alleinige Orientierung an der intellektuellen Entwicklung greift wegen ihrer Einseitigkeit ebenso zu kurz, wie eine isolierte Einstellungsbildung den Integrationsprozeß der Persönlichkeitsentwicklung vernachlässigt.
Die Verschiedenartigkeit der Entwicklungsprobleme und der Wachstumsmotivationen und -prozesse in der Zeit vor der eigentlichen Identitätsbildung erfordert auch von einem identitätsbildenden Religionsunterricht andere Akzentsetzungen. Das Grundschulkind zeichnet sich dadurch aus, daß es mit dem Eintritt in die Schule eine starke Ich-Ausdehnung im sozialen Bereich erfährt; den sich daraus ergebenden Forderungen muß es sich stellen. Die auf intellektuellem Gebiet sprunghaft steigende «Kompetenz» sowie die Form des «Subsidiationslernens» führen zu einer Ausgestaltung des zunächst noch rudimentären Selbst-Bildes. Hierfür bedarf das Kind eines reichen Identifikationsangebotes, um sich selbst orientieren zu können. Der identitäsbildende Religionsunterricht der Grundschule sollte daher den Schüler befähigen: zur Wahrnehmung im sozialen Feld der Beziehungen, zur Bereitschaft, situationsgebunden Verantwortung zu übernehmen und zur Sensibilisierung für neue Aspekte einer gegebenen Situation.
(1) Die für das Grundschulkind tragenden sozialen Beziehungen sind Ausgangspunkt für eine erste Stellungnahme des Kindes zu

seinem eigenen Ich: Die Benennung von ersten Beziehungsmomenten, wie sie sich aus dem Miteinander des Spielens, Feierns und auch Streites ergeben, kann dazu beitragen, daß das Kind erstmals über eine vorschulische egozentrische Haltung hinaus den Anderen in seiner Situation, seinen Freuden und Ängsten wahrnimmt, und sich daraus ein neuer Impuls für sein Selbst-Bild ergibt. Ist diese Wahrnehmungsfähigkeit im sozialen Feld beim Schüler gestört, muß der Lehrer diese Spannungen zuerst abbauen, hat also auch hier einen therapeutischen Auftrag. Er kann ihm zunächst im darstellenden und verobjektivierenden Rollenspiel, später aber auch in unmittelbar kontrollierten Gruppenprozessen gerecht werden. Ohne die soziale Wahrnehmungsfähigkeit bleiben dem Schüler die sich daraus ergebenden Beziehungsmöglichkeiten und Anforderungen verschlossen und es fallen wesentliche Impulse der Ich-Entwicklung aus.
Diese Anfangsphase eines identitätsbildenden Religionsunterrichts muß nicht sofort inhaltlich religiös geprägt sein. Wo allerdings religiöse Vorstellungen in Beziehungen hineinspielen, sollen auch sie aufgegriffen werden, um die daraus sich ergebenden Besonderheiten und Veränderungen zu erfassen. Im Fortgang dieser Wahrnehmungsschulung, die mehr ist als nur zweckloses Aufmerksamkeitstraining, können dem Grundschüler auch literarische Situationen exemplarisch erschlossen werden. Diese helfen so, in Verbindung mit der Wahrnehmung für Mögliches, den Horizont des Schülers zu erweitern, einer Verengung des Selbst-Bildes zu begegnen. Bestimmte biblische Erzähltexte sind hier für die Grundschule geeignet, worauf J. F. Spiegel besonders aufmerksam gemacht hat.[87] Bei der Auswahl solcher Texte ist auf deren Sprachstruktur zu achten; diese muß der kindlichen Verständnislage angemessen sein.[88]
(2) Die soziale Wahrnehmungsfähigkeit muß im didaktisch nächsten Schritt vertieft werden, um eine situative Verengung zu vermeiden. Hierzu gilt es, den Anforderungscharakter verschiedener Situationen wahrzunehmen, um den Schüler an seine Möglichkeit des Verantwortunghabens heranzuführen. Nach V. E. Frankl bildet dieses Verantwortunghaben und -übernehmen die Voraus-

[87] Vgl. J. F. Spiegel, Das Kind und die Bibel. Zur Hermeneutik und Didaktik des Bibelunterrichts in der Vorschul- und Anfangsklasse, (Theologische Brennpunkte 26/27) Frankfurt/M. 1970.
[88] Vgl. H. Grosch (Hrsg.), Religion in der Grundschule. Didaktische Reflexionen, Entwürfe und Modelle, Frankfurt/M. 1971.

setzung für gelingende Sinngebung.[89] Da das Kind diese Verantwortung übernehmen will und hierzu der Orientierung bedarf, muß der Religionsunterricht dem Schüler dieses Identifikationsangebot machen, um seine Funktion des Gewissens zu stärken. Es ist deshalb an die Erkenntnisse von A. und M. Mitscherlich zu erinnern, wonach das Gewissen erst die Selbständigkeit des Menschen ermöglicht, insofern durch Identifikationen die fremden Werte zu Forderungen an das eigene Ich werden (vgl. oben S. 61). Hier kann die Vermittlung von Vorbildern auch die religiöse Sinndimension erschließen helfen.

(3) Die religiöse Frage kann aber besonders im dritten Schritt ihre Entfaltung finden, nämlich in der Erweiterung der gegebenen Situationen auf neue Verständnis- und Handlungsmöglichkeiten hin. Mit zunehmender sozialer Wachheit und Verantwortungsbereitschaft kann das Kind von seinem engeren Ich-Bezug befreit werden und somit erweiterte Beziehungen aufnehmen und für sein Selbst-Bild erschließen. Es wird damit befähigt, Gegebenheiten zu hinterfragen und neue Möglichkeiten zu sehen. Solches Hinterfragen geschieht jedoch nicht um des Hinterfragens willen und dient nicht der Verunsicherung des Schülers. Aufbauend auf den vorausgegangenen Schritten dient es vielmehr nach der sozialen Ich-Ausdehnung der Ausdehnung auf Mögliches und bereitet damit letztlich die Hoffnungsfähigkeit im zukunftsorientierten Selbst-Bild vor. Wo dieses Erschließen der Möglichkeitsdimension unterbleibt, wird einem «Terror der Fakten» der Weg bereitet. Wird aber die religiöse Sinngebung als Interpretationsmöglichkeit existentiell relevanter Situationen vermittelt, dann wird sie an die Ich-Entwicklung gebunden. Der Schüler steht ihr nicht fremd gegenüber, so daß sie in der zuwendenden oder distanzierenden Auseinandersetzung des Schülers dessen Orientierungsfähigkeit stärken kann.

Diese Grundlinien eines identitätsbildenden Religionsunterrichtes der Grundschule noch näher zu vertiefen und über die zunächst aus der psychologischen Diskussion erschlossenen Möglichkeiten inhaltlich zu explizieren, ist mangels eigener Erfahrung im Religionsunterricht der Grundschule noch nicht möglich. Weitere Arbeit ist hier notwendig. So viel dürfte aber klar geworden sein, daß der Schüler vor der Pubertät noch nicht in die «entscheidende» personale Situation gestellt ist. Er bedarf vielmehr zur

[89] Vgl. V. E. Frankl, Der unbewußte Gott, a.a.O., S. 13f.

Vorbereitung dieser Freiheit der Orientierung, Verantwortungsübernahme und Gewissensbildung, in denen sich letztlich das Mögliche auch für das eigene Ich zu Wort melden muß. Ein solcher Unterricht wird, so ist zu hoffen, im Übergang in die entscheidende Krise der Identitätsbildung nicht fruchtlos bleiben. Da er nicht isolierte Einstellungsvermittlung und Informationsverarbeitung intendiert, sondern die Möglichkeiten des Werdens des Schülers umfassend einzubeziehen sucht, können die Unterrichts- und Lernprozesse beim Schüler gerade zum Gelingen jener Transformation in die eigene Sinngebung beitragen. Ein solcher Unterricht resignierte zudem nicht angesichts oft mißlungener erster religiöser Sozialisationsprozesse in der Familie, sondern nähme die Chance wahr, durch seine Dimension der Beziehung auch beim Grundschüler schon auftretende Verkrustungen des Ich aufzulösen und der Selbst-Entwicklung wieder eine innere Dynamik zu verleihen.

4.5.3 Curriculum-Probleme

Um die vorgetragenen Überlegungen auch für den Religionsunterricht in größerem Umfang fruchtbar machen zu können, müssen die aus der Diskussion verschiedener psychologischer Konzepte erschlossenen Möglichkeiten noch auf eine breitere Grundlage gestellt werden. Hierzu bedarf es neben empirischer Überprüfungen, inwieweit die hier vorgeschlagenen Möglichkeiten realisierbar sind, auch umfangreicher Unterrichtserfahrungen zur Sicherung der didaktischen Entscheidungen. Der Umsetzung der daraus zu erwartenden weiteren Erkenntnisse in ein Curriculum für identitätsbildenden Religionsunterricht stellen sich allerdings einige Schwierigkeiten entgegen, die weniger im derzeitigen Erkenntnisstand über die Entwicklung der religiösen Persönlichkeit begründet, als auf Schwierigkeiten der Umsetzung in konkrete Lernzielformulierungen sowie der Überprüfung ihrer didaktischen Verwirklichung zurückzuführen sind.
In jüngerer Zeit sind zahlreiche Einzelmodelle von Unterrichtseinheiten für den Religionsunterricht, die der genannten Identitätsproblematik nahekommen, vorgelegt worden. Insbesondere der «Zielfelderplan» (1973) bietet von seiner Anlage in «Erfahrungsbereiche» sowie «Erfahrungssituation» und «Erschließungssituation» einige Ansatzpunkte für eine identitätsbildende Vertiefung. Diese setzt allerdings voraus, daß der Zusammenhang

der Lernschritte «Kommunikative Information», «Interpretative Entfaltung» und «Engagierte Stellungnahme» nicht mit einem lapidaren Hinweis auf «Grenzen des Lehrens und Lernens» oder die «Erklärung der deutschen Bischofskonferenz» begründet wird.[90] So lange ein solcher Zusammenhang nicht aus den Modifikationen der Ich-Welt-Beziehung des Schülers, seiner Ich-Ausdehnung und Selbst-Bild-Entwicklung entfaltet wird, stehen Lehrpläne immer noch in der großen Gefahr, Erfahrungsbereiche zu dekretieren und eher einen theologischen Kurs zu vermitteln als im echten Sinne zur religiösen Selbstbestimmung beizutragen. Der pädagogische Optimismus, der sich in der Feststellung ausspricht: «Je reicher informiert und je angemessener interpretiert wurde, umso zwingender wird der Schüler in allen vier Bereichen die dritte Lernstufe erreichen: hier wird angestrebt, daß Verhaltensweisen und Einstellungen überprüft und auch geändert werden (Engagierte Stellungnahme)»[91] – dieser pädagogische Optimismus kann nur begründet werden, wenn die Lernstufen wirklich im Sinne der Dynamik der Ich-Entwicklung verstanden werden.

[90] Vgl. Zielfelderplan für den katholischen Religionsunterricht der Schuljahre 5–10. Grundlegung. München 1973, S.14.

[91] Ebd.

5. Schlußbemerkung

Die psychologischen und religionspädagogischen Überlegungen dieser Arbeit standen von Anfang an unter der Zielsetzung, die Erkenntnisse der Psychologie, insbesondere der Religionspsychologie aufzuarbeiten und daraus psychologisch begründete und religionspädagogisch verantwortete Möglichkeiten religiöser Erziehung aufzuweisen. Zur Sicherung einer erfahrungsgemäßen Grundlegung der religionspädagogischen Reflexion wurde das Hauptaugenmerk auf die Psychologie, insbesondere die der Motivation und des Lernens sowie der Persönlichkeitsentwicklung gerichtet. Der intensive Rekurs auf religionspsychologische Untersuchungen im engeren Sinne mußte dabei unterbleiben. Es ging zunächst darum, in einer Situation verminderter religiöser Erfahrung und Sozialisationswirkungen die Voraussetzungen einer religiösen Entwicklung darzustellen. In diesem Bezugsrahmen wären dann auch die Erkenntnisse religionspsychologischer Detailforschung einzuzeichnen.[92] Die Rezeption dieser zahlreichen Einzelergebnisse muß also noch geleistet werden.[93]
Die religionspädagogische Reflexion hat ergeben, daß die psychologischen Erkenntnisse für ein Konzept eines identitätsbildenden Religionsunterrichts fruchtbar gemacht werden können. Ein solches Konzept will psychologistische Verengung wie Erfahrungsblindheit vermeiden. Am Religionsunterricht wurde die Fragestellung exemplifiziert. Was aber über die Motivations- und Wachstumsprozesse, über intentionale Verhaltensänderung, über die Entwicklung von Werthaltungen und insbesondere über die Bedeutung von Gewissen und Verantwortunghaben für die Persönlichkeitsentwicklung gesagt wurde, gilt aus der Sicht der Psychologie ebenso auch für andere Bereiche der religiösen Erziehung, sei es in der Familie oder in der Gemeinde. Die Identitätsproblematik findet sich in den verschiedenen Bereichen als Abwandlung eines Grundmotivs.

92 Vgl. hierzu besonders: M. P. Strommen (Hrsg.), Research on religious development. A comprehensive handbook (A project of the Religious Education Association), (Hawthorn Books Pbl.) New York 1971.

93 Vgl. als einen Schritt analytischer Arbeit am Religionsunterricht: G. Stachel (Hrsg.), Die Religionsstunde – beobachtet und analysiert, Zürich/Einsiedeln/Köln 1976. Darin mein Beitrag: Strukturanalyse: Sachstruktur, Lernstruktur, kognitive Struktur.

Wenn das Ineinander-Verwoben-sein von Identität, religiöser Sinngebung und Entscheidung auch in der praktisch-theologischen Arbeit stärker zum Tragen kommt – Impulse einer Theologie der Hoffnung sind ja gegeben –, hätte die Religionspädagogik gerade nach ihrer empirischen Wende einen wesentlichen Beitrag auch für die Praktische Theologie geleistet.

Siegfried Vierzig

Ideologiekritik und Religionsunterricht

Zur Theorie und Praxis eines kritischen Religionsunterrichts

184 Seiten. Broschiert. 19.80

Mit einer Tabelle: Religionspädagogische Konzeptionen im wissenschaftstheoretischen Vergleich

Religion hat seit jeher im Prozeß der gesellschaftlichen Sinn- und Normfindung eine bedeutende Rolle gespielt. Von daher stellt sich dem Religionsunterricht beider Konfessionen die Aufgabe, den Schüler zu befähigen: in kompetenter Weise *teilzuhaben* am kritischen Gespräch über die Werte und Normen in der Gesellschaft; in verantwortungsvoller Weise *mitzuwirken* an den Bemühungen um ein humaneres gesellschaftliches Leben.
Dieser ideologiekritische Religionsunterricht, wie ihn Siegfried Vierzig hier vorstellt, wird dem Fach Religion für die Zukunft eine unentbehrliche Funktion in unserem Bildungssystem zukommen lassen.